W0083337

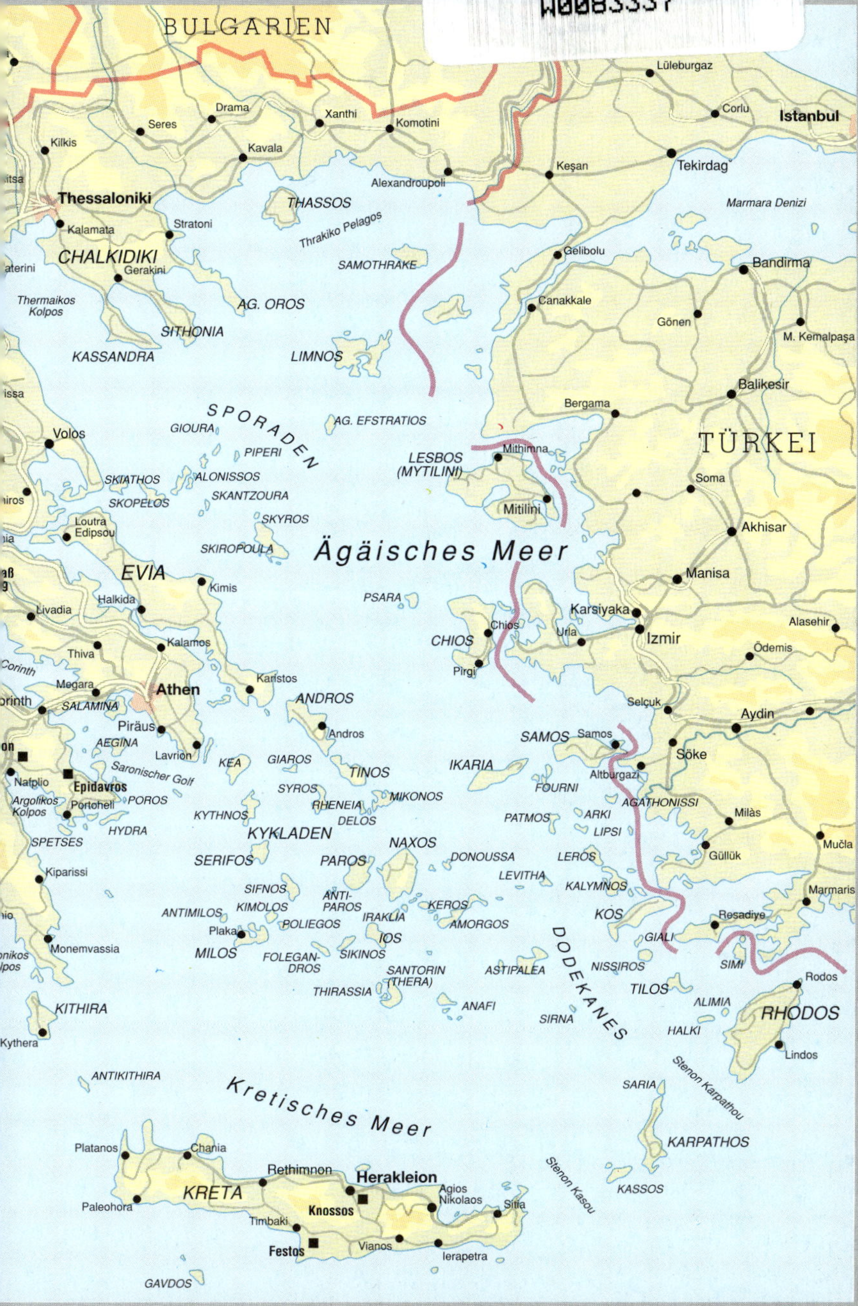
BULGARIEN
TÜRKEI
Ägäisches Meer
Kretisches Meer
Istanbul
Lüleburgaz
Corlu
Tekirdag
Marmara Denizi
Keşan
Alexandroupoli
Komotini
Xanthi
Drama
Seres
Kavala
Kilkis
Thessaloniki
Kalamata
Stratoni
CHALKIDIKI
Gerakini
Thermaikos Kolpos
KASSANDRA
SITHONIA
AG. OROS
THASSOS
Thrakiko Pelagos
SAMOTHRAKE
LIMNOS
Gelibolu
Canakkale
Bandirma
Gönen
M. Kemalpaşa
Balikesir
Bergama
AG. EFSTRATIOS
SPORADEN
GIOURA
PIPERI
Volos
SKIATHOS
ALONISSOS
SKOPELOS
SKANTZOURA
SKYROS
SKIROPOULA
Loutra Edipsou
EVIA
Kimis
LESBOS (MYTILINI)
Mithimna
Mitilini
Soma
Akhisar
Manisa
Karsiyaka
Izmir
Alasehir
Ödemis
Urla
PSARA
CHIOS
Chios
Pirgi
Livadia
Halkida
Thiva
Kalamos
Megara
Athen
SALAMINA
Karistos
ANDROS
Andros
Piräus
AEGINA
Lavrion
KEA
GIAROS
TINOS
Saronischer Golf
Epidavros
Nafplio
Argolikos Kolpos
Portoheli
POROS
HYDRA
SPETSES
SYROS
RHENEIA
DELOS
MIKONOS
KYTHNOS
KYKLADEN
SERIFOS
PAROS
NAXOS
SIFNOS
ANTI-PAROS
KIMOLOS
ANTIMILOS
Plaka
POLIEGOS
MILOS
FOLEGAN-DROS
SIKINOS
IOS
IRAKLIA
KEROS
AMORGOS
SANTORIN (THERA)
THIRASSIA
ANAFI
ASTIPALEA
DONOUSSA
LEVITHA
Kiparissi
Monemvassia
KITHIRA
Kythera
ANTIKITHIRA
SAMOS
Samos
IKARIA
FOURNI
PATMOS
ARKI
LIPSI
LEROS
KALYMNOS
KOS
GIALI
NISSIROS
TILOS
DODEKANES
SIRNA
Selçuk
Aydin
Söke
Altburgazi
AGATHONISSI
Milàs
Güllük
Mučla
Marmaris
Resadiye
SIMI
Rodos
RHODOS
ALIMIA
HALKI
Lindos
SARIA
Stenon Karpathou
KARPATHOS
KASSOS
Stenon Kasou
Platanos
Chania
Rethimnon
Herakleion
KRETA
Knossos
Agios Nikolaos
Sitia
Paleohora
Timbaki
Festos
Vianos
Ierapetra
GAVDOS

Die östlichen Kykladen

32 km

nach Andros

TINOS

Tinos

SIROS

MIKONOS

Ano
Mera

Mikonos
(Chora)

Ermoupoli

DRAGONISSI

Hrousa

RHENEIA

Possidonia

DELOS

Ägäisches Meer

nach Milos

nach Kos

nach Kythnos

PAROS

Naoussa

NAXOS

DONOUSSA

Apollonas

Donoussa

Parikia

Koronos

Naxos
(Chora)

Apiranthos

ANTIPAROS

Lefkes

Galanado

MAKARES

Andiparos

Marpissa

Danakos

DESPOTIKO

Angeria

KOUFONISSIA

STRONGILI

Koufonissia

KEROS

SKINOUSSA

Keros

IRAKLIA

Skinoussa

ANDIKERI

Amorgos

Iraklia

AMORGOS

Katapola

IOS

Arkessini

Ios

Milopota

AMORGOS

nach Piräus

Sikinos

ANIDRO

Fole-
gandros

SIKINOS

KARDIOTISSA

FOLEGANDROS

SANTORIN
(THERA)

Oia

THERASSIA

ANAFI

Therassia

Phira

Anaphi

Kretisches
Meer

Akrotiri

Emborio

nach Kreta

ägäische
Inseln
Mikonos & Santorin

Vorgestellt von **Elizabeth Boleman-Herring**

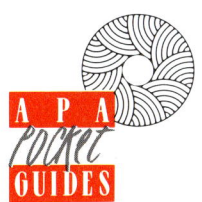

APA
Pocket
GUIDES

APA Pocket Guide:

ÄGÄISCHE INSELN

Herausgeber
Hans Höfer

Text
Elizabeth Boleman-Herring

Design Konzept
V.Barl

Design
Carlotta Junger

Redaktion
Martha Ellen Zenfell

Übersetzung
Brunhild Seeler

Deutsche Redaktion
Dieter Vogel

Erste Auflage

© **APA Publications (HK) Ltd, 1994**
© **APA Guides 1994**
RV Reise- und Verkehrsverlag
Berlin / Gütersloh / Leipzig / München /
Potsdam / Stuttgart

Alle Rechte vorbehalten

Vertrieb:
GeoCenter
Verlagsvertrieb GmbH, München
ISBN: 3-575-21790-4

Druck:
Höfer Press (Pte) Ltd, Singapur

*Reproduktionen, auch auszugsweise,
nur mit Genehmigung des Verlages*

KALOS IRTHATEH!

Elizabeth Boleman-Herring

Ich lernte die Kykladen 1960 auf einer Reise mit meinen Eltern kennen. Mein Vater schoß viele Dias, und seine Bilder wie auch meine Erinnerungen sind so leuchtend und klar wie das Ägäische Meer. Die Kykladenbewohner haben sich seit dem Zweiten Weltkrieg als wahre Alchimisten erwiesen, gelang es ihnen doch, das kahle Gestein, auf dem sie leben, in pures Gold zu verwandeln! Viele bedauern, daß die Inseln ihre Unschuld verloren haben. Aber Mikonos und ihre Schwestern waren schon immer Kurtisanen, und die Liste ihrer Freier enthält Seefahrer der Bronzezeit, delische Pilger und venezianische Kreuzfahrer. Und, offen gesagt, die Kykladenbewohner und ich ziehen die Gegenwart sämtlichen Vergangenheiten vor. Da ich sechs Bücher über Griechenland geschrieben habe, darunter auch den *APA Pocket Guide Athen,* und auf Mikonos lebte und arbeitete, glaube ich, die Inseln in all ihren Facetten zu kennen. Das Buch hilft Ihnen, den größtmöglichen Gewinn aus einem ein- bis zweiwöchigen Aufenthalt auf den bedeutendsten Kykladeninseln zu ziehen. Es enthält Routen, die — mit Abstechern zur heiligen Insel Delos — mit den wichtigsten Sehenswürdigkeiten auf Mikonos und Santorin sowie auf Naxos, Paros und Antiparos vertraut machen und dennoch Zeit lassen zum Einkaufen und Sonnenbaden. Sie werden in meinen Lieblingsrestaurants essen, einige meiner liebsten Künstler besuchen und meine Freunde treffen, die mit Hilfe dieses Buches dazu beitragen, daß Ihr Aufenthalt sich problemlos und ohne Hektik gestaltet — im Hochsommer ein Kunststück! Wer den ruhigen Nächten und leeren Dörfern nachtrauert, kann immer noch ins Landesinnere fahren oder im Februar wiederkommen, dann wird er beides finden. Wer noch nie hier gewesen ist, für den werden die Inseln so jung und frisch sein wie Aphrodite in ihrer Muschelschale — und so verführerisch. Der Geruch nach Meer und nach dem Kalk geweißelter Mauern, die Pracht von Jasmin, Hibiskus und Bougainvillea, die auf dem Holzkohlengrill bruzzelnden Seebarben und Octopus — diese Eindrücke werden bleiben, so klar wie unverwässerter *ouzo. Kalós ilthateh — Willkommen!*

Inhalt

Tagestouren

Wissenswertes

Auf den vorhergehenden Seiten:
Insel der Träume

Auf den folgenden Seiten:
Hafen von Naoussa

Die Namen der Kykladeninseln klingen wie reine Poesie. Der griechische Literatur-Nobelpreisträger Odysseus Elytis braucht einige ihrer durchweg weiblichen Namen in seiner großen poetischen Komposition *To Axion Esti* (Gepriesen Sei) nur anzutippen, damit sie förmlich aus den Seiten heraus singen: Mikonos, Sikinos, Serifos, Folegandros, Antiparos, Despotiko, Anafi, Poliegos et cetera. Für Griechen wie für Philhellenen ist Griechenland die Inselwelt und sind die Inseln Griechenland. Hat man sie gesehen, dann lösen sie eine Sehnsucht aus, die kein anderer Ort dieser Welt zu stillen vermag. Hat man sich von Mikonos' weichem rosa Zwielicht, von dessen Wirkung auf das menschliche Antlitz betören und von Santorins schroffer *grandeur* überwältigen lassen, dann weiß man, daß man wiederkommen muß. Der Name der Inselgruppe kommt aus dem Wort für Kreis, *kyklos,* das wir in Zyklon oder Zyklus wiederfinden.

In der Mitte der Ägäis liegen die Inseln kreisförmig um Delos herum verstreut, die heilige Insel der Antike. Sie war schon im zweiten Jahrtausend vor unserer Zeitrechnung ein Heiligtum und wurde als Geburtsort von Apollo, dem Gott des Lichts und der

Vergangene Kulturen

Alte Vase mit Oktopus

Gelehrsamkeit, verehrt. Historische Bedeutung erlangten die Kykladen noch vor den Mykenern und Athenern, auch vor der noch älteren minoischen Kultur. Als erste kamen die Karer aus dem Osten auf die Kykladen. Die geographische Lage am Schnittpunkt der Seeverkehrswege war von entscheidender Bedeutung für ihre Entwicklung. Als Trittsteine zwischen Ost und West waren sie schon sehr früh zu geschichtlicher Größe bestimmt. Die Seefahrer der frühen Bronzezeit verfügten kaum über nautische Instrumente, entfernten sich daher höchst ungern von der Küste und nutzten die aus dem Meer ragenden Marmorfelsen als Stationen zwischen Ionien und dem Festland. Die Schiffbauer und Seefahrer des dritten vorchristlichen Jahrtausends hatten viel mit den heutigen Inselgriechen gemein. In wichtigen Bereichen hat sich das Leben in den etwa 7000 Jahren ununterbrochener Besiedlung nicht geändert. Schon damals war der schwüle Sommer die Zeit, in der man reiste, Handel trieb und mit fernen Inseln in Verbindung stand, und der *meltemi,* ein heftiger Sommerwind, der oft heute noch sämtliche Reisepläne in alle Himmelsrichtungen zerstreut, brachte bereits die alten Seefahrer auf ihren Schiffen vom Kurs ab. Der nasse, windgepeitschte Winter mit seinen heimtückischen Stürmen fesselt die Seeleute der Kykladen noch immer von November bis März an den Hafen.

Die Verbindung zur Vergangenheit

Selbst die Kost der Kykladen hat sich wenig verändert, seit durch die Einführung von Ackerbau und Viehzucht um 6000 v. Chr. eine seßhafte Lebensform auf den unwirtlichen Marmor-, Schiefer- und Granitböden möglich wurde. Spuren neolithischer Besiedlung aus der Zeit um 5000 v. Chr. auf Saliagos (Schnecken-Insel) und Keos wurden entdeckt. Das winzige Saliagos, einst Teil einer Paros wie Antiparos umfassenden Landmasse, war Stätte der frühesten kykladischen Besiedlung. Hier fanden Archäologen kleine Behausungen

Frühe kykladische Skulptur

aus Trockensteinmauern und Figurinen aus Inselmarmor: das sogenannte Violin-Idol (eine stilisierte, violinförmige Gestalt) und die Steatopyginie, wörtlich eine fettleibige Dame. Diese ersten Beispiele der hochentwickelten frühen Kykladenkunst zieren heute die Sammlung des British Museum und des Goulandris Museum Kykladischer und Altgriechischer Kunst in Athen. Doch auch die Schmuckkollektionen der besten zeitgenössischen Juweliere Griechenlands, Lalaunis und Zolatas, zeichnen sich durch reizvolle Formen aus: die Abstraktion der Kykladenkunst ist heute noch genauso ausdrucksvoll wie einst. Die Kykladenbewohner hatten schon immer eine Vorliebe für klare Linien und Formen ohne überflüssiges oder triviales Beiwerk. Die Architektur in Mikonos' Hauptstadt, die Einfachheit der Taubentürme und Kapellen von Tinos, die Steinzeiteleganz der Schiefermauern auf Andros, die wie Bildhauerarbeit wirkenden Wände, auf die sich durch ständiges Weißeln Kalkschicht über Kalkschicht legte, welche die Kanten modellierten und rundeten – die Kontinuität in der Marmorbearbeitung zwischen den Meistern früher Kykladenkunst und dem künstlerischen Ausdruck der Architekten der Neuzeit ist auffällig (auch wenn fettleibige Damen an den Stränden von Mikonos und Paros ganz und gar nicht mehr en vogue sind). Lawrence Durrell schrieb diese Übereinstimmung den natürlichen Kräften zu, die den Archipel und seine Bewohner sieben Jahrtausende hindurch gestaltet und geformt haben: „Alle Gewohnheiten rühren natürlich vom Klima her, welches, subtil und unaufdringlich, alles bestimmt – die Art und Weise, wie wir leben und oft auch die, wie wir lieben." Klima: das ist Sonne, Meer, Wind.

Den Karern – wie den heutigen Kykladenbewohnern –, die unter einer omnipotenten und omnipräsenten Sonne an den Gestaden eines Meeres leben, das sie reich beschenkt, die sich ernähren von der Speise des Philosophen – von Ziegenkäse und Getreide, Trauben und Oliven, Feigen und frischem Fisch – ihnen allen hat das Klima eine ganz spezifische Art des Seins und der Betrachtung der Welt vermittelt, eine Art, die noch immer verführt.

Vulkanische Ursprünge

Trotz gemeinsamer Kultur in der Bronzezeit und aller gegenwärtigen Gemeinsamkeiten haben die Kykladenbewohner infolge der wechselvollen Geschichte ihrer Inseln ganz verschiedenen Herren dienen müssen. Dorer, Römer, Byzantiner, Venezianer, Genuesen, ottomanische Türken, Russen, deutsche Faschisten, Piraten aller Couleur – sie alle haben ihnen ihren Stempel aufgedrückt, und selbst heute noch reflektieren Architektur und ethnische Natur der Inseln den Einfluß segensreicher wie barbarischer Besucher. Santorin allerdings, von den Griechen Thera genannt, ist einzigartig. Es ist die einzige Insel, die, obwohl in tausend Stücke gesprengt, überlebte und noch heute von diesem zerstörerischen Akt künden kann. Einst ein fruchtbares kreisförmiges Eiland und den Alten als *Kalliste* (die Schöne) oder als *Strongyle* (die Runde) bekannt, war Santorin die Wiege der Akrotíri-Kultur, welche von 2000 bis 1500 v. Chr. in hoher Blüte stand. Akrotíri, das uns so erhalten geblieben ist wie Pompeji und Herculaneum, nämlich im „Bernstein" geschmolzener Lava und in Schichten von Bimsstein und Asche, war Opfer eines Vulkanausbruchs gewesen, der über 50 km³ Materie hochgewirbelt und die zuvor kreisförmige Insel als eine zerfranste Mondsichel ohne ein Zentrum zurückgelassen hatte. Das Leben auf dem Santorin der Bronzezeit endete mit diesem Kataklysmus, doch hat die Eruption eine schaurig bezwingende Landschaft geformt, deren Dramatik auf der Welt ihresgleichen sucht. Erst gegen 300 v. Chr., als die Ptolemäer eine hellenistische Feste auf der Kuppe des Mesa Vouno errichteten, entwickelte sich auf Thera eine neue Kultur, und von da an hat Santorin mit seinen schwindelerregenden Gesteinsformationen, mit der ehrfurchtgebietenden Caldera – dem großen Kraterkessel, der sich bildete, als der Vulkankegel in die Luft flog –, und dem noch immer dampfenden Kraterwasser (80° C) die Aufmerksamkeit einer schaudernden Welt auf sich gezogen.

Santorin und Mikonos

Heute ist Santorin, mit Anáfi die südlichste der größeren Kykladeninseln, wohl das beliebteste Urlaubsziel im Mittelmeer. An ihren schwarzen vulkanischen Stränden der Ostküste drängen sich die Windsurfer und die Sonnenanbeter, und obgleich die Hauptstadt Phíra im Juli und August geradezu beängstigend voll ist, scheinen die hübschen, ganz

Gemälde von Santorin, 1866

unterschiedlichen vierzehn Dörfer der Insel diese Menschenmassen problemlos zu bewältigen. Wenn Jubel, Trubel und die schweren Weißweine der Insel die Jüngeren locken, ziehen antike Bauwerke – prähistorische, byzantinische, venetokatholische und die Tonnen- und Kreuzgewölbe von Troglodyten – eher den kunstinteressierten Besucher an. 1967 war mit den Ausgrabungsarbeiten begonnen worden. Die von Akrotíris Wänden abgenommenen Fresken wurden in einen klimatisierten Raum im Nationalen Archäologischen Museum von Athen gebracht. Diese kunstvollen Gemälde reflektieren eine kulturelle Komplexität, die ebenso erstaunlich ist wie die des minoischen Knossos. Phantasmagorische Fauna, anmutiges Wild und tanzende Schwalben, barbusige, weihrauchtragende Priesterinnen, eine riesige, mit zahlreichen Rudern versehene Flotte, all dies zeugt von einer selbstbewußten, vermögenden und urbanen Seemacht der Bronzezeit, die, unter einer zentralen Autorität organisiert, sogar öffentliche Bauarbeiten wie z.B. ein Abwassersystem ausführte.

Im Gegensatz zu Pompeji ist kein menschliches Skelett in der zerstörten Stadt gefunden worden. Durch die vorausgegangenen Vulkanausbrüche alarmiert, flohen die Seefahrer mit ihren anmutigen, 30 Meter langen Schiffen aufs Meer hinaus und entkamen der Katastrophe.

Mikonos' Geschichte, die weit weniger von den verheerenden Urkräften der Natur geprägt ist, liest sich wie eine fast schon biblische Liste von Eroberern. Jedem dieser Eroberer folgte ein weiterer nach, bis die Insel nach dem Zweiten Weltkrieg endgültig von Künstlern, Sonnenanbetern und internationalen Hedonisten vereinnahmt wurde. Die Architektur der Hafen- und Hauptstadt Chora zeigt, daß ihre Einwohner nie gewillt waren, kampflos aufzugeben. Das Gewirr verschlungener Gassen, in dem selbst ein Einheimischer sich verlaufen kann, war in erster Linie angelegt worden, um Piraten wie Barbarossa in die Irre zu führen, der Mikonos aber dennoch

1537 erobern konnte. Nie war es leicht, weder für den Wind noch für Plünderer, in Choras Befestigungen einzudringen.

In der Antike hingegen haben die Kaufleute, die zur Nachbarinsel Delos unterwegs waren – in der hellenistischen Ära wechselten auf dem dortigen großen Sklavenmarkt an besonders geschäftigen Tagen bis zu 10 000 Sklaven den Besitzer –, Mikonos kaum eines Blickes gewürdigt. Heute beherrschen Mohnblumen, wilder Spargel und Eidechsen Delos' prächtige Ruinen, während aller Glanz sich auf der anderen Seite des Kanals, auf Mikonos, konzentriert. Nur wenige besuchen Mikonos wegen seiner Nähe zu Delos, allerdings lassen sich wirkliche Altertumskenner in einer halbstündigen Kaiki-Fahrt nach Delos übersetzen. Der untrainierte Blick entdeckt weder Mikonos' neolithische Stätten noch die architektonischen Reste sarazenischer, katalanischer, türkischer, byzantinischer, venezianischer und russischer Besetzung. Diese lassen sich besser in vier sehenswerten Museen bewundern. Die Sammlung des Archäologischen Museums birgt allerdings hauptsächlich Funde des kleinen Eilands Rheneia, wohin alle delischen Gräber 426 – 425 v. Chr. verlegt worden waren. Eine Ausnahme bildet die mächtige Relief-Amphore mit einer Darstellung des Trojanischen Krieges. Dieses in Chora aus dem Boden geholte Meisterstück aus dem 7. Jahrhundert v. Chr. hatte vermutlich als Grabbeigabe gedient. Den Künstler kann Mikonos indessen nicht für sich beanspruchen, denn das Stück ist in einer Werkstatt auf Tínos entstanden.

Selbst Mikonos' 1796 in Triest geborene Freiheitskämpferin Mando Mavrogennous, deren Büste Choras Taxistand überblickt, war ein „Import", Tochter einer Immigranten-Familie, die von Konstantinopel nach den Kykladen geflüchtet war. Die vielsprachige und musikalische Mando, Enkelin Dimitrios Mavrogennous', Ratsmitglied und Verwalter in Mikonos, hatte eine gute Erziehung genossen, widmete sich dann aber furchtlos dem Motto Freiheit oder Tod im Kampf der unter dem osmanischen Joch leidenden Griechen. 1821, als die Hellenen sich gegen ihre Unterdrücker erhoben, brach Mando nach Mikonos auf. Im Oktober des folgenden Jahres, als die Türken ihre Wahlheimat angriffen, führte sie Mikonos' Miliz an. Für die Sache dieses Krieges gab Mando, Erbin eines großen Vermögens, ihre letzte Drachme her, rüstete Schiffe und Seeleute aus, kaufte Waffen und linderte die Leiden von Flüchtlingen. In Männerkleidung führte sie die Truppen

Mando Mavrogennous

auf Mikonos, Evia und in Thessalien an und wurde nach dem erfolgreichen Ausgang der Revolution in den Generalsrang erhoben. Heute wacht ihre Büste über die Rucksäcke der Touristen und über Mikonos' kleine Taxiflotte.

Andere Inseln

Die Kykladen sind atemberaubend vielgestaltig, vom wasserreichen Andros bis zum windgepeitschten Anáfi, dessen Kloster Kalamiotissa moderne Argonauten ebenso aufnimmt wie scine felsigen Gestade einst Iason und das Goldene Vlies. Das gebirgige, fruchtbare Naxos, die größte Kykladeninsel, hegt viele Erinnerungen an seine mittelalterliche Vergangenheit. Auf Naxos war es, wo Theseus, der Bezwinger von König Minos' Minotaurus, die kretische Prinzessin Ariadne verließ – bzw. an den Gott Dionysos verlor. Naxos' fruchtbare Böden sprechen eher für die letzte Version, schließlich war Dionysos der Gott des Weines. Amorgós rühmt sich des schönsten Klosters der ganzen Ägäis: das wie eine brütende Möwe an der nackten Felswand klebende kalkweiße Chozoviotissa. Tínos, das hellenische Lourdes, hat Delos' Rolle als Griechenlands heilige Insel übernommen: Die Gedenkfeiern anläßlich Mariä Entschlafung können es in bezug auf Innigkeit und Feierlichkeit mit jedem religiösen Fest der Welt aufnehmen. Síros ist die Heimat der Konditoren, griechischen Katholiken, Matrosen der Handelsmarine und der Provinzregierung. Sífnos und Sérifos sind bisher von ausländischen Besuchern relativ unberührt geblieben und deshalb bei jungen griechischen Urlaubern besonders beliebt. Paros schließlich, Herkunftsort des fast transparenten weißen Marmors, aus dem die Venus von Milo geschaffen wurde, ist wohl der Inbegriff der Kykladen. Hier finden Sie FKK-Strände, Nachtclubs, Tempelruinen, Höhlen, Olivenhaine, kurz, alles, was ein Gast, ob auf Bronzezeit oder Bronze-Teint erpicht, sich überhaupt nur wünschen kann.

Nach dem Fang

Zeittafel

8000 v. Chr. Mílos handelt in der Ägäis mit Obsidian.

3200-2000 Frühe Bronzezeit, Höhepunkt der Kykladen-Kultur.

3000 Kykladische Seefahrer benutzen Ruder auf ihren Schiffen, sie versehen als erste ihre Schiffe auch mit Kielen.

2600-1400 Entstehung der minoischen Thalassokratie auf Kreta.

1500-1450 Verheerende Vulkanausbrüche auf Santorin (Thera). Damit endet in Akrotiri die Kultur Theras.

1250-1240 Trojanischer Krieg.

1115 Dorer erobern Santorin.

1100-800: Niedergang der mykenischen Kultur. Festlandbewohner emigrieren nach Süden und Osten und verbreiten ihre Kultur.

825 Einführung des phönizischen Alphabets auf Santorin, Mílos und Kreta.

776 Erste Olympische Spiele.

750 Homers Ilias und Odyssee.

716 Achilochos, erster lyrischer Poet, wird auf Páros geboren.

540 Unter Peisistratos Bau eines Apollo gewidmeten Tempels auf Délos und Verlegung von Gräbern.

479 Die Griechen entsenden eine in Délos zusammengestellte Flotte nach Kleinasien und besiegen die Perser am Mykale-Gebirge.

477 Athen gründet den Delisch-attischen Schutzbund: Sitz auf Délos.

470-469 Athen schlägt Naxos' Versuch, den Delisch-attischen Schutzbund zu verlassen, brutal nieder.

454 Verlegung des Bundesschatzes von Délos nach Athen.

428-347 Platon spricht vom „verlorenen Königreich Atlantis", vermutlich eher das minoische Kreta als Santorin.

426-425 Zweite „Reinigung" auf Délos; Verlegung der Gräber nach Rheneia.

405 Die Ägäis wird von Sparta kontrolliert.

323 Tod Alexanders des Großen.

146 Griechenland wird römische Provinz.

88 Mithridates, König von Pontos, plündert Délos.

69 Délos' endgültige Zerstörung durch den Piraten Athenodoros.

95 n. Chr. Geheime Offenbarung des Johannes auf Patmos.

330 Kaiser Konstantin gründet Konstantinopel als Hauptstadt des Oströmischen Reiches.

1095 Beginn der Kreuzzüge.

1204 Konstantinopel fällt an Franken und Venezianer; Marco Sanudo erobert Naxos und gründet das Herzogtum Archipelagos.

1210 Aufteilung der Inseln der Ägäis unter den Führern des Vierten Kreuzzugs.

1292 Der spanische Admiral Roger de Lluria greift Naxos, Andros, Tínos, Kíthnos und Chíos an.

1453 Die Türken erobern Konstantinopel.

1566 Türkische Piraten besetzen Délos.

1615 Die halbautonome und demokratische Kommune von Mikonos wird errichtet.

1684 Krieg zwischen osmanischen Türken und Venedig.

1803 Hydra erstellt eine Flotte, um Piraten zu vertreiben.

1820 Die Venus von Milo wird durch einen französischen Offizier in den Louvre gebracht.

25.3.1821 Tag der nationalen Unabhängigkeit.

1827 Briten, Franzosen und Russen besiegen in der Schlacht von Navarino die osmanisch-ägyptische Flotte.

1828 Südgriechenland, die Sporaden und Kykladen proklamieren ihre Freiheit.

1848 Mando Mavrogennous stirbt.

1877 Beginn der Ausgrabungsarbeiten auf Délos.

1896-1901 Ausgrabung Santorins.

1912-1913 Italien besetzt nach dem italienisch-türkischen Krieg den Dodekanés: die Türkei tritt nach dem Zweiten Balkan-Krieg die Inseln der nördlichen Ägäis an Griechenland ab.

1944-1947 Die Briten besetzen den Dodekanés; er wird als letztes Territorium der Ägäis dem neuen griechischen Staat eingegliedert.

Tages
Mikonos

Obgleich im Sommer von West- und Nordeuropa auch Charterflüge Mikonos direkt ansteuern, kommen die meisten Besucher immer noch auf dem Flughafen von Athen an. Ich schlage vor, in Athen zu übernachten und am nächsten Tag mit der Fähre von Piräus nach Mikonos zu fahren. Die Fähren legen gegen 8 Uhr ab und kommen um 14 Uhr in Mikonos (Chora) an. Die Kabinen der ersten Klasse sind kühl und erholsam, in der Hochsaison wird in der Lounge manchmal klassische Musik live geboten; die Snacks in der Bar sind aber mittelmäßig. Reservieren Sie per Fax oder Telex Ihr Hotelzimmer und bitten Sie den Hotelier, Sie an der Fähre abzuholen. Am Ankunftspier und auch am Bus-Terminal der *Olympic Airways* herrschen von Mai bis September nämlich chaotische Zustände, was die Transferfrage nicht eben erleichtert. (Die schnellste Route nach Mikonos führt mit *Olympic Airways* zunächst nach Athen und von dort zur Insel. In dem Fall müßten Sie Ihr Gepäck für Mikonos einchecken, dann können Sie, ohne die Transithalle zu verlassen, direkt zum Flugsteig der Inlandsflüge gehen.) Wenn Sie Ihrem Hotelier faxen, holt er Sie am Flughafen ab.

Klassisches Mikonos

MUNICIPALITY OF MYCONOS

1. Stadt, Strand und Nachtleben

Ein ganzer Tag (kein Montag). Frühstück in der Bar L'Angolo in Chora; zu Fuß von der Kreuzung Plati Gialos/Ornos südostwärts zum Friedhof und zur Akademie der Schönen Künste; eine Windmühle und das Archäologische Museum; Bummel über die Matoyiannistraße und Mittagessen im Antonini. Am Nachmittag dann Schwimmen an den Stränden Plati Gialos, Psarrou oder Paranga; Abendessen bei Katrin's oder im Sesame Kitchen; Tanzen im Mikonos Club oder in der Astra Bar; Ausklang beim späten Drink in der Veranda (Grünes Haus) Bar.

Wenn Sie in einem der Hotels – Mikonos/Adonis, Poseidon/Mangas, Despotiko oder Rochari – untergekommen sind, brauchen Sie zu Fuß nur eine Minute bis zum Ausgangspunkt in Choras Maouna-Viertel. Der Concierge wird Ihnen den Weg beschreiben. Zur **Bar L'Angolo** gehen Sie von der Maouna-Kreuzung aus bergab Richtung Chora, zum Platz, wo die Endstation der türkisfarbenen Busse nach Ornos/Plati Gialos/Paradise-Cam-

Frühstück vor Windmühlen

ping liegt, und die Aghiou-Louka-Straße hinunter. Biegen Sie direkt vor der Apotheke scharf rechts ab – nun müßten Sie den Duft des frisch gerösteten italienischen Kaffees von L'Angolos winziger Kaffeebar linkerhand schon riechen. Gehen Sie nach dem Frühstück auf der Aghiou-Ionnannou-Straße in südöstlicher Richtung zur Kirche Aghios Loukas (St. Lukas) und zu Choras größtem **Friedhof,** beide auf der linken Seite gelegen und nur wenige Meter von der Kreuzung entfernt. Seien Sie auf dieser Straße vorsichtig, hier wimmelt es von unerfahrenen Motorradfahrern. Nach etwa einer Minute sehen Sie rechts eine blaue Tür in einer weißen Mauer; dahinter befindet sich Mikonos' **Akademie der Schönen Künste.** (Künstler, die an einem zeitlich befristeten Atelierplatz interessiert sind, können

sich an Frau Maria Lapurta, Athen, Tel.: 01-3 63 47 51 wenden.)
Hinter dem Fitness-Center, das Aerobic, Gewichtheben, Bodybuil-
ding, Sauna usw. anbietet, biegt die Straße sanft nach links. Die
weißen Mauern und würfelförmigen Villen zu Ihrer Linken sind mit
leuchtendroten Bougainvillea geschmückt. Feigenkakteen, Olean-
derbüsche, Feigen-, Eukalyptus-, Zitronen-, Mandelbäume und

Schilfrohr runden das ausgesprochen pittoreske Angebot einheimischer Flora ab. Vielleicht fällt Ihnen auch der eine oder andere Taubenturm, das venezianische Erbe der Insel, ins Auge.

Je höher Sie steigen, desto mehr weitet sich der Blick auf Chora, ein Szenarium, das außerdem die Inseln Rheneia und Delos und, dahinter, die von einer Kapelle gekrönte Insel Baou einschließt; Tínos, meist in eine Wolkendecke gehüllt, liegt direkt hinter San Stefanos zu Ihrer Rechten. Falls Sie noch höher steigen möchten, müssen Sie in die erste Abzweigung rechts einbiegen und sich die Serpentinen der Hauptstraße Ano Mera-Dorf/Kalafatis-Strand hinaufarbeiten, bis Sie dann an eine Windmühle ohne Dach gelangen. Andernfalls laufen Sie die Aghiou-Ioannou-Straße entlang, bis sie Choras' einzige in Betrieb befindliche, zum **Folklore-Museum** gehörende **Windmühle** erreichen (1. Juni bis 30. September, täglich 16 – 18 Uhr; Tel.: 2 25 91, 2 27 48). Die Inschrift auf der Marmortafel nahe der Pforte lautet: „Seit dem 16. Jahrhundert dreht der Wind von Mikonos die Mühle der Boni (Familie)." Bei Einbruch der Dämmerung ist dieser Ort, sommers wie winters, ein wunderbarer Aussichtspunkt.

Kap Grammata

Vigles

Mirsini

Bucht von Mirsini

Kap Aï Lias Anomeritis

MORO ERGO

Fokos

Gialoudia

Kap Evros

MIKONOS

Mavrovouni

Vathia Lagada

PROFITIS ILIAS

Moni Paleokastrou

ANOMERITIS

Ag. Llas

Panagia Tourliani

Fragias

Kalafatis

Tigani

Mykobar

Kap Goni

Kalo Livadi

Loulos

Tarsana

Aghia Anna

Kap Kalafatis

Dimasto

Bucht von Kalo Livadi

Kardamida

Kap Mavrokefalos

Ägäisches Meer

•••••• Route 2

•••••• Route 3 (mit dem Schiff)

Gute Aussicht von der Windmühle

Tauben fliegen in ihre Türme oder lassen sich auf dem struppigen Mühlendach nieder, und unter Ihnen breitet sich der Hafen aus: leuchtend bei Sonnenschein, geheimnisvoll bei Nebel oder Regen. Ein winziger Dreschboden rundet dieses *Freilichtmuseum* ab. Man kann sich auch innen noch etwas umsehen. Gehen Sie durch den roten Ausgang, halten Sie sich links, und laufen Sie bergab. Bonis Windmühle ist der Höhepunkt dieses Spaziergangs. Beachten Sie auch Choras' Trockensteinmauern; sie sind zwar nicht so eindrucksvoll wie auf Andros, immerhin aber zeugen sie von einer im Niedergang begriffenen kunstvollen Architekturform. Sie passieren dann die Kapellen St. Basilius und St. Anton mit ihren roten Dächern. Hier gibt es viele Privathäuser mit Gärten, wo über Zäune schwere Feigenbaumzweige hängen und im Frühling rosa Mandelbäume blühen.

Die Straße führt jetzt bergab, zu Ihrer Linken bildet ein Olivenhain die Rückfront des Hotels Leto. Biegen Sie rechts in die Tourlos/St.-Stefan-Straße, und laufen Sie etwa fünf Minuten bergan. Bald darauf sehen Sie, ebenfalls linkerhand, ein wunderschönes rot herausgeputztes Haus mit einem phantastischen, 300 Jahre alten Taubenturm auf dem Dach, ein gutes Beispiel für Mikonos Architektur. An dieser Stelle können Sie umkehren, falls Sie nicht lieber noch eine Weile über die „obere" Straße bis nach Tourlos bummeln möchten, wo es Erfrischungen gibt. Kehren Sie dann zu Ihrem Ausgangspunkt beim Bus-Terminal Ano Mera/Elia/Tourlos/San Stefanos auf Aghiou Ioannou zurück und laufen Sie rechts die Corniche (die „untere" Straße nach San Stefanos) entlang. Gleich links liegt die Remezzo Bar, unterhalb der Mauer hinter der Strassenbiegung der Yachthafen und die Anlegestelle der Fähren. Rechts daneben das **Archäologische Museum** (tgl. 8.30-15 Uhr, Mo geschlossen)

Sinfonie in Weiß

Dieses Gebäude, in den Morgenstunden meist gähnend leer, ist ein kleines Juwel. Das interessanteste Stück der Exponate ist eine wuchtige Amphore mit einer Darstellung des mit Kriegern gefüllten Trojanischen Pferdes und, als Terracotta-Relief, etlichen grausamen Szenen des Trojanischen Krieges. Diese in Chora gefundene Grabbeigabe stammt aus dem 7. Jahrhundert.

Im gleichen Saal wird eine Auswahl sogenannter „Melian"-Vasen, vermutlich parischen Ursprungs, präsentiert, die allesamt dunkeläugige Mädchen im Profil zieren. Der Südflügel zeigt Fundstücke von Gräbern in Rheneia, beispielsweise einen Satyr, der rittlings auf einem Phallus sitzt, und einen Wasserspiegel, auf dessen flüssiger Oberfläche die Kykladen-Damen einst ihr Make-up überprüft haben mögen. Als Spielzeug käuflich zu erwerben sind hübsche, den trojanischen Reliefs nachempfundene Figuren aus Karton, für 800 Drachmen eine echte Entdeckung.

Auf dem Markt

Laufen Sie jetzt zum Bus-Terminal und dann nach links auf den Hafen zu. An der Ecke steht das OTE-Gebäude (Fernmeldeamt), gegenüber haben einige Mietwagen-Firmen ihre Büros.

An Choras Ortseinfahrt gibt es nahe der Kapelle Aghia Anna besonders viele Andenkenläden. Direkt vor Ihnen befindet sich Lalaunis (s. Einkaufen), Sie aber gehen jetzt nach rechts, aufs Wasser zu: Am Ende dieser kurzen Straße befindet sich auf der rechten Seite Mikonos' Postamt. Die 300 Jahre alten Säulen sind aus Marmor von Tínos gemacht. Das charmante kleine Hotel Delos ist jüngst renoviert worden. Laufen Sie links am Ufer entlang, bis zum **Denkmal der Mando Mavrogennous** (s. Geschichte und Kultur), die Choras größten Taxistand bewacht. Die Inschrift lautet etwa: „Mando Mavrogennous wurde der Titel ‚Beschützerin der Freiheit' verliehen, als die Menschen sie brauchten, um ihre Freiheit zu sichern." An der Hafenfront sehen Sie auf der rechten Seite das **Sea & Sky-Reisebüro.** Gehen Sie hinein, und bitten Sie Takis Manesis um eine Karte von Chora, bevor Sie zu Mando zurücklaufen, wo Sie rechts abbiegen und die Fl.-Zouganeli-Straße hinaufgehen. Sie kommen dabei an Andreas Pouloudis' Bäckerei vorbei, wo man gute Backwaren aller Art einkaufen kann.

Gleich dahinter befindet sich rechterhand die **Patisserie** von Efthimios Efthimiou. Probieren Sie seine *kalathákia* (Körbchen aus Mandelgebäck), *amygthalótita* (Mandelkekse), den Nougat und die Makronen. Die Pralinenschachteln sind köstliche Geschenke, sofern Sie den Inhalt nicht verschlingen, bevor Sie wieder zu Hause sind.

Wenn Sie aus Efthimious Laden kommen, müssen Sie scharf links abbiegen. Sie stehen nun vor Kimon Koukouzelis' Apotheke (Mo bis Sa, 9-13.30 Uhr und 17-22.30 Uhr, So wechselnder Bereitschaftsdienst mit anderen Apotheken). **Pierro's,** die einst verrufene Gay-Bar, befindet sich jetzt links von Ihnen. Gehen Sie vor der Kirche Aghia Kyriaki nach rechts zum Zeitungsstand. Gleich daneben ist eine *Kameni Gonia* genannte Taverne, was mit „Die abgebrannte Ecke" zu übersetzen ist. Tatsächlich war dieses Haus 1976 völlig ausgebrannt. Spazieren Sie von der Kirche die Kabanistraße hinunter. An der nächsten Ecke biegen Sie links ab (nicht durch den mit Bougainvillea berankten Torbogen in Richtung Hafen) und gehen direkt zu Zannis Asimomitis **pandopoleia,** die gute alte Gemischtwarenhandlung. Diese Spezies von Geschäft

Bei Asimomitis

hat sich auf dieser Insel noch am wenigsten verändert. Hier gibt es von Weihrauch-Räucherpfannen und Rugbyschlägern über Reis und Bohnen, direkt aus Säcken, und griechischen Flaggen bis hin zu hübschen Körben von Tínos fast alles. Halten Sie sich rechts, wenn Sie den Laden verlassen, gehen Sie zur Aghia Kyriaki zurück und biegen Sie dann nach rechts in Choras Hauptgeschäftsstraße **Matoyianni** ein. Schlendern Sie an der beliebten Anchor Bar und Ioannis Theoharis' Apotheke linkerhand und an Theodoros Roussounellos' Juweliergeschäft rechterhand vorbei. Außer der Nationalbank von Griechenland und Zweigstellen der Commercial Bank am Hafen gibt es in der Matoyianni eine Credit Bank. Die Matoyianni biegt nach rechts und wird bei der Vengera Bar (Athener Yuppies) zur Enoplon-Dinameon-Straße. Wenn Sie der Enoplon-Dinameon-Straße folgen, kommen Sie am **Haus der Lena,** einem Museum, und am **Marine-Museum** vorbei. Dahinter, die Allee rechts hinunter, liegt die Sesame Kitchen (s. *Kulinarisches*).

Sie kommen jetzt in das Drei Brunnen (*Tría Pigáthia*) genannte Viertel, wo sich die den drei Heiligen Georg, Barbara und Fanourios geweihten Kirchen sowie das Restaurant El Greco und die Bar Astra befinden. An der Kreuzung Enoplon Dinameon und Mitropoleos ist Ioannis und Anna Michaelides' winziger **„Gold-Laden".** Sagen Sie Anna, daß Elizabeth Sie schickt, und bitten Sie darum, Ihnen ihre Zuchtperlen- und Goldohrringe zu zeigen, von Ioannis und seinen Söhnen handgearbeitete Repliken von Familienerbstücken des 18. und 19. Jhs. – wahrhaft perfekte Brautgeschenke. Schlendern Sie die Mitropoleos-Straße nach rechts hinunter. An die-

ser Hauptverkehrsstraße stehen die griechisch-orthodoxe und die römisch-katholische Kathedrale. Hinter ihnen finden Sie das **Alefkandra** genannte Viertel, „Heimat" des Pelikans Petros II., des Maskottchens von Mikonos.

Gehen Sie dann zur Mitropoleos zurück. Sie kommen dabei an drei Kirchen vorbei: St. Nikolaus (1616), St. Katharina und St. Paraskevi. Folgen Sie der Mitropoleos bis zum **Klein-Venedig** genannten Viertel und dem **Kastro.** An der linken Abzweigung finden Sie die Mikonos Tanzbar. Sie gehen daran vorbei und biegen rechts in die K.-Yiorgouli-Straße, die hinter den Kirchen St. Eleftherios, Heilige Dreifaltigkeit und Christi Verwandlung

Petros II.

(1853) verläuft. *Mikonos Gold 2* auf der rechten Seite gehört Michaelidis' Söhnen Stelios und Artemis; sie kreieren modernen Goldschmuck zu moderaten Preisen. Gegenüber der Kirche St. Johannes der Täufer gibt es bei Masakis hübsche T-Shirts. Am Ende der K. Yiorgoulis liegt der City Club (mit Transvestiten-Shows frühmorgens), von wo Sie bergab direkt auf eine der vielen guten Tavernen der Insel zulaufen und dann, wieder nach rechts, zum Hafen gelangen. Schlendern Sie den Hafen entlang, vorbei an den teuren Cafés, zum Taxistand und dann leicht bergauf zum **Antonini's** (sehr gutes Mittagessen).

Am Nachmittag könnten Sie am Terminal unterhalb der Maouna-Kreuzung einen der türkisen Busse nehmen und zum Schwimmen nach **Plati Gialos** oder **Psarrou** fahren. Die Busstrecken sind angegeben, der Fahrpreis ist günstig. Vorsicht: man reist im Sommer wie die Ölsardinen; zum Glück sind es nur 4 km.

Klein-Venedig

Mikonos im Mondschein

Plati Gialos ist ein langer Strand mit Tavernen und Bars. Psarrou ist exklusiver. Jet Skis und Wassersportmöglichkeiten gibt es an beiden Stränden. Fahren Sie mit dem Bus in die Stadt zurück und rufen Sie von Ihrem Hotel aus im **Katrin's** an, um einen Tisch zu reservieren. Oder gehen Sie einfach vor 20 Uhr ins **Sesame Kitchen** (s. *Kulinarisches*). Am Morgen, bei Ihrem Spaziergang durch Chora, kamen Sie an der Mikonos Dance Bar und an der Astra Bar vorbei. Jetzt können Sie in der **Mikonos Dance Bar** den Griechen beim Tanzen zusehen. **Astra** wird bevorzugt von Yuppies aufgesucht; es bietet eine raffinierte Bar und eine Disco für ein junges, internationales Publikum. Die schönste Bar der Stadt ist aber **Veranda** (oder Grünes Haus) im Scarpa-Viertel, etwa zwischen den Distrikten Alefkandra und Kastro, die Sie vormittags durchquert hatten. Gehen Sie von der Mikonos Dance Bar die Mitropoleos hinab, biegen Sie links in die Ag.-Anargiron-Straße und nehmen Sie die dritte schmale Abzweigung nach links. Dieses prächtige Anwesen aus dem 19. Jh. direkt über dem Meer bietet einen herrlichen Blick nach Delos (Tel.: 2 37 19). Man schließt hier in der Hochsaison um 3.30 Uhr.

2. Ano Mera, Elia und Meeresfrüchte auf italienisch

Mit einem Mietwagen nach Ano Mera; Besuch des Klosters Panagía Tourliani; Mittagessen in Maria Stavrakopoulous' Taverne; der Strand Elia; Schwimmen oder Windsurfen am Strand Aghia Anna bei Kalafatis; Abendessen in der Osteria del Pesce da Lu.

Bei dieser langen Tagesroute sollten Sie sich am Vorabend im italienischen Restaurant Osteria del Pesce da Lu (siehe *Kulinarisches*) schon mal einen Tisch reservieren lassen. Da Sie bereits frühmorgens an der Maouna-Kreuzung abfahren, schlage ich

Sonne, Sand und...

einen Mietwagen vor, einen geschlossenen Jeep von *Pegasus Rent A Car.* (Rufen Sie Sotiria und Nikolas Andronikos von Ihrem Hotel aus an; sie bringen Ihnen den Wagen dorthin. Tel.: 2 37 60.) Fahren Sie von der Kreuzung aus über die Aghiou Ioannou nach Norden, wobei Sie auf dem Berg oben bald scharf nach rechts biegen müssen; das ist die von Ano Mera zum Strand Kalafatis führende Straße. Über Serpentinen geht es aufwärts, vorbei an einer Windmühle ohne Dach. Die Shell-Tankstelle auf der linken Seite ist täglich 8-19 Uhr, am Wochenende und an Feiertagen von 8-13 Uhr geöffnet; 200 m weiter, ebenfalls links, befindet sich das Gesundheitszentrum der Insel. Nach 1 km kommt noch eine BP-Station.

Sie haben nun Mikonos' kahles Hochplateau mit kargem Thymian- und Oreganobewuchs und sandfarbenen Felsbrocken erreicht. Wer Zeit für einen 45minütigen Umweg hat, sollte einen halben Kilometer nach der BP-Station in die schlecht ausgeschilderte linke Abzweigung einbiegen; sie führt zu den bisher unerschlossenen nördlichen Stränden Aghios Sostis und Panormos. Diese langen, wundervollen Sandstrände sind menschenleer; dennoch gibt's an beiden eine gute kleine Taverne. Unterwegs werden Sie an dem mysteriösen, mit Kreuzen bestückten Kloster **Aghios Pandeleimonos** mit seinem von Mauern umschlossenen Garten vorbeikommen. Halten Sie sich rechts, und folgen Sie der Beschilderung nach K. I. Sarandopoulos A. E., wo Mikonos' künstlicher Stausee entsteht. An der Abzweigung zum Strand **Panormos,** 1 km hinter dem Reservoir, gibt es auch Zimmer zu mieten. Am Strand herrscht in bezug auf Badeanzüge „laissez faire". In Andonis' Taverne bekommen Sie von Ostern bis Oktober griechische Kost und Meeresfrüchte. Etwa 2 km

hinter Panormos, nach einer Fahrt durch eine Mondlandschaft, erreichen Sie die Abzweigung zum Strand **Aghios Sostis.** In den Zwillingskapellen drängen sich am 7. September, dem Patronatsfest, die Gläubigen der Gemeinde – ein geeigneter Zeitpunkt für einen Besuch. Im Sommer sorgt Kikis Taverne für das leibliche Wohl der Sonnenhungrigen.

Das Kloster Panagia Tourliani

Steuern Sie nun wieder die staubige Hauptstraße nach Ano Mera an, und biegen Sie links ab. Nach 2 km taucht Mikonos' bizarre Version des **Hard Rock Café,** die „Acropolis of Rock", auf. Hier gibt es zu nächtlicher Stunde für die im Herzen jung Gebliebenen Spaß und Geselligkeit in Form von Videos, Snooker- bzw. Billardtischen, viel (Wein-) Geist und viel Lärm. Nach weiteren 2 km kommt auf der linken Seite die bodenständige Taverne Zygos.

Gleich dahinter, am Ortseingang von **Ano Mera,** biegen Sie rechts in die Stadt ab und suchen sich am Verkehrskreisel einen Parkplatz. Direkt an den Platz grenzt das der Jungfrau geweihte **Kloster Tourliani;** Festtag ist der 15. August. Das 1767 gegründete Kloster ist täglich von 10-13 Uhr geöffnet. In angemessener Kleidung können Sie sich die Klosterkirche von innen anschauen und Bischof Filaretos oder den Prior um eine Führung durch das kleine **Volkskundemuseum** in der alten Klosterbäckerei bitten. Hier ist besonders die Destille für Ouzo sehenswert. Anschließend können Sie sich am Hauptplatz unter den schattigen Eukalyptusbäumen der von Familie Stavrakopoulos geführten **Taverne** zum Mittagessen niederlassen.

Mikonos-Stilleben

Kosten Sie den Salat, gegrillten *octopus* (Tintenfisch) sowie *kopistani,* den von meiner Freundin Maria und ihren Töchtern selbstgemachten Mikonos-Käse. Nach dem Essen und einem guten Kaffee mit ein paar griechischen Süßigkeiten (Tochter Irinis Süßwarenladen liegt gleich um die Ecke), könnten Sie sich die Richtung zum Strand Elia zeigen lassen. Sie müssen den Platz nach Osten verlassen, die Strecke ist dann klar ausgeschildert. Nach etwa 1 km biegen Sie am Fußballplatz gleich scharf rechts ab. Bei Ihrer Fahrt zum Meer hinunter kommen Sie an weißgetünchten Bauernhäusern und Gärten vorbei. Sie erreichen **Elia** nach einem weiteren Kilometer. Der voll erschlossene Strand verfügt über Sonnenschirme, Liegestühle, gute Tavernen und über herrlich klares blaues Wasser. Er ist auch als FKK-Strand sehr beliebt und kann im Sommer ziemlich überfüllt sein.

Windsurf-Enthusiasten verzichten vielleicht auf Elia und fahren am Fußballplatz lieber nach links statt nach rechts. Das ist die Straße zum Strand Kalafatis. Nach ca. 3 km müssen Sie nach rechts in einen unbefestigten Weg einbiegen; Kap Kalafatis liegt dann genau vor Ihnen. Folgen Sie den Schildern zum Hotel Anastasia; Sie bleiben aber am geschützten **Strand Aghia Anna.** Das von Deutschen geführte **Happy Surfpool Centre** ist vom 1. Mai bis Mitte Oktober geöffnet. Nach Ihrem Schwimm- oder Surfnachmittag können Sie sich auf Brunos **Osteria del Pesce da Lu** freuen. Sie befindet sich, knapp 1 km vom Surfpool Centre entfernt, hinter der Kapelle St. Anna, in dem kleinen Fischerdorf Kalafatis (nicht mit dem Hotelkomplex gleichen Namens zu verwechseln). Die Küche ist gleichbleibend gut. Zurück zur Maouna-Kreuzung in ca. 30 Minuten.

3. Die Strände der Südküste

Zu Fuß oder mit dem Bus nach Plati Gialos; eine Wanderung an der Südküste; ein gutes Mittagessen im Coco Club am Strand Super Paradise oder Weiterfahrt zum Strand Elia.

Ihr Ausgangspunkt, ob im Mietwagen oder zu Fuß, ist wiederum die Maouna-Kreuzung. Fahren Sie von hier aus südwärts auf die Hauptstraße nach Plati Gialos. Falls Sie lieber den öffentlichen Bus nehmen, laufen Sie bergab zum Plati Gialos/Psarrou/Paradise-Busterminal. Gut 1 km hinter Chora kommen Sie an der links liegenden EKO-Tankstelle und an zahlreichen kleinen Hotels und Pensionen vorbei. Nach weiteren 2 km zweigt rechts, klar ausgeschildert, die Straße nach Psarrou ab, das man von der Straße aus schon liegen sieht. Etwas weiter unterhalb endet die Straße am Strand **Plati Gialos;** hier ist auch die letzte Bushaltestelle dieser Strecke.

Sollten Sie die 30-45 Minuten hierher gelaufen sein, so ist das Hotel Petinos ein schönes Plätzchen, um sich im Schatten bei einem Snack zu erholen. Gialos selbst ist ein langer Sandstrand, voller Sonnenschirme und Liegen. Hier legen die Kaikis zur Südküste ab, auf welchen man zu einem vernünftigen Preis zu den FKK-Stränden oder sogar um die Klippe herum bis Psarrou gelangt. (Der Manager der Mikonos Boat Trips, Anthonis Theoharis, Tel.: 2 39 95, arrangiert auch Ganztagsausflüge auf Kaikis für Privatgruppen; auf diese Weise lernt man die etwas abgelegeneren Buchten dieses sonnigen Küstenstrichs kennen.) Etwa 10 Minuten entfernt liegen die ebenfalls mit Kaikis erreichbaren Strände Aghia Anna und Paranga. Nikolas' Taverne in **Aghia Anna** ist ein Juwel von einem griechischen Bistro und von Ostern bis zum 20. Oktober ein phantastisches Lokal für ein gutes Frühstück, Mittag- oder Abendessen.

Mit dem Kaiki erreicht man von Plati Gialos aus in 15 Minuten **Paradise,** einen FKK-Strand mit Campingplatz, der vor allem Stu-

Plati Gialos

Ein griechischer Kaiki

denten anzieht. Nach wei-
teren fünf Minuten
sind Sie in **Super
Paradise,** einer zau-
berhaften Bucht, die
sich durch das exzel-
lente, wenn auch teure
Restaurant Coco Bar aus-
zeichnet. Fünf Minuten weiter kom-
men Sie nach **Agrari.** Bis zur Kaiki-Endstation **Elia**
müssen Sie nochmals fünf Minuten tuckern. Die Fahrt mit dem
Kaiki ist allein schon ein unauslöschliches Erlebnis, eine phantastische Art, die Strände abzufahren und dabei einen Einblick in das
Leben der Fischer zu bekommen: Schließlich lebt Ihr robuster
Bootsmann normalerweise vom Fischfang; Touristen spazierenzu-
schaukeln bringt ihm (zwischen 20. April und Mitte Oktober) nur
einen saisonalen Nebenverdienst. Wer außerhalb der Hochsaison an-
kommt und lieber laufen möchte, kann in einem halbstündigen
Fußmarsch nach Paranga gelangen.

Kürzen Sie in Plati Gialos ab, und steuern Sie vom Hotel Petinos
aus die Felsen am Ende des Strandes an. Der Trampelpfad oberhalb
der See ist ziemlich ausgetreten. Nach zwei Steinpfeilern gelangen
Sie an eine weitere St. Anna geweihte Kapelle. Der winzige Strand
hier heißt Aghia Anna, und Anna und Kostas freuen sich, Sie in Nikolas' Taverne bei einem kühlen Bier zu begrüßen. **Paranga,** ein
größerer Strand, liegt unmittelbar südlich davon, aber die neueste,
scheußliche Camping Mikonos-Anlage dürfte jeden Wanderer davon
abhalten, bis Paradise weiterzulaufen.

4. Am Abend Museen und die Kirche Paraportiani

**Folklore-Museum; die Kirche Paraportiani; das Marine-Museum;
das Haus der Lena.**

Ausgangspunkt gegen 17.30 Uhr ist die Kapelle St. Nikolaus mit
der blauen Kuppel am Ufer von **Chora.** Gehen Sie in westlicher
Richtung auf den Pier zu, wo die Boote nach Delos (MS Hera etc.)
anlegen, und laufen Sie, wo ein kleines Schild den Weg zu den
Windmühlen, nach Klein-Venedig und zur Kirche Paraportiani
markiert, eine Treppenflucht hinauf, wo Sie nach wenigen Metern
rechts das **Folklore-Museum** mit seinen karminroten Türen und
Fensterläden (im Sommer tgl., 17.30-20.30 Uhr, Tel.: 2 25 91) und
zur Linken die Kirche Panagía Paraportiani liegen sehen. Dies ist
das **Kastro-Viertel,** die befestigte Stadt des Mittelalters. Das Folklore-Museum beherbergt allerdings das Erbe einer neueren Kultur:
Mikonos im 18. und 19. Jh., zu seiner Glanzzeit als bedeutende Seemacht. Schauen Sie, wenn Sie das Museum betreten, sogleich nach
links hinauf. Hier ist nämlich die letzte Ruhestätte für Petros, den
ausgestopften und so der Nachwelt erhaltenen Pelikan.

Die venezianische Fotogravursammlung stammt aus der Zeit der Jahrhundertwende. In einem drehbaren Regal sind Votivgaben ausgestellt: idiosynkratische „Gebete" in Gold, Silber oder Zinn, dargeboten von jenen, die eine Ehe, ein Bein oder ein Pferd erhalten bzw. retten wollten. Innerhalb des Museums befindet sich auch ein vollständiges Haus samt Küche, so wie es 1864 ausgesehen hat. Im Untergeschoß zeugt eine weitere Sammlung von Mikonos' Seefahrervergangenheit mit einem nachgebildeten Kaiki-Modell und dem Deck eines Kriegsschiffes, einschließlich einer Kanone.

Gehen Sie nach einem Besuch im Folklore-Museum in die **Marienkirche Paraportiani.** Sie besteht eigentlich aus einer Gruppe von Kapellen, die der Jungfrau, den Aghii Anargyri (den „pfenn1glosen Heiligen" Cosmas und Damian), St. Anastasia, St. Sostis und St. Efstathios geweiht sind; einige datieren vermutlich aus dem 15. Jh. Paraportiani sollte man vorzugsweise bei Sonnenuntergang gegen den rosigen Sommerhimmel betrachten: ein rätselhaftes Gebilde aus Licht und Form, das Besucher wie Künstler seit jeher fasziniert.

Wenn Sie die asymmetrische Kirche umrunden, kommen Sie an der rechts liegenden Bar Kastro vorbei, genau zur rechten Zeit, um den Sonnenuntergang zu beobachten, Musik zu hören und sich eine Ausstellung ortsansässiger Künstler anzuschauen. Heute abend liegen jedoch noch zwei weitere Museumsbesuche vor Ihnen, Sie halten sich also nicht auf, sondern laufen durch das Kastro-Viertel die Aghion-Anargiorn-Straße hinunter.

Einige Meter weiter unten befindet sich rechterhand die **Bar Montparnasse**, die sich außer eines herrlichen Ausblicks auf das Meer auch der Wanderausstellungen mit den Arbeiten einheimischer Künstler, klassischer Musik und einer Elite-Clientèle rühmen kann. Werfen Sie dann an der nächsten Ecke einen Blick zum Meer hinunter: Hier können Sie die Veranda (Grünes Haus) liegen sehen, eine Bar, die Sie sich merken sollten. An einer Kreuzung gehen dann Aghion-Anargiron und Mitropoleos ineinander über. Laufen Sie weiter geradewegs auf der Mitropoleos, vorbei an Anna Gelous' mit vielen Spitzen und weißen Pullovern deko-

Die Kirche Paraportiani

rierten White Shop (rechterhand). Sie kommen an den Kathedralen vorbei und bahnen sich Ihren Weg durch die Menge zum Ende der Mitropoleos, was an einem geschäftigen Abend bis zu 20 Minuten dauern kann. Biegen Sie dort links in die Enoplon-Dinameon-Straße. Wenige Meter hinter einem Kiosk (auf der linken Seite) kommen Sie durch das Viertel der Drei Brunnen und passieren das Restaurant El Greco. Auf der linken Seite, hinter der Kirche St. Georg, finden Sie in einer winzigen Gasse das Restaurant Sesame Kitchen. Enoplon-Dinameon Nr. 10, mit einer Kanone vor der Hausfront, ist Ihr nächstes Ziel: das **Marine-Museum** (im Sommer täglich 10.30-13 Uhr und 18.30-21 Uhr geöffnet). Die Exponate dieser ständigen Ausstellung „erhellen das Griechentum der Ägäis von der Antike bis zur Gegenwart", so der Kurator Philipas Menardos, der sie im Museum herumführt. Vorherrschend sind Schiffsmodelle, ferner nautische Instrumente, Münzen und Karten sowie Gemälde und Fotografien, Literatur und Logbücher. Im Garten steht schließlich auch der Leuchtturm, der von 1890 bis 1983 Choras' Pier überragte.

An das Marine-Museum schließt sich in der Enoplon-Dinameon Nr. 8 das **Haus der Lena** an, von den Hartholzböden bis zu den Dachbalken ein typisches Beispiel der Häuser von Mikonos' Großbürgertum (Mo bis Sa 18-21 Uhr, So 19-21 Uhr). Dem Folklore-Museum im Jahre 1970 von der Familie Dracopoulos als Schenkung überlassen, spiegelt dieses Haus eine vergangene Kultur wider. Die von den Kapitänen Mikonos' mit nach Hause gebrachten Möbel stammen aus Nordeuropa. Die Fotogravuren illustrieren Szenen aus Homers Dichtungen. Lenas Maschine zur Spitzenherstellung, ihr mit Kameenporträts geschmücktes österreichisches Eisenbett, ihre Handarbeiten und selbst ihr Nachttopf, all das bildet ein zusammengehöriges Ganzes. Fräulein Lena Scrivanou, die Besitzerin dieses Hauses, hat alles genauso erhalten, wie ihre Großmutter es einst hinterlassen hatte.

Nachdem Sie sich von Frau Margarita Xythaki haben herumführen lassen, können Sie an diesem Abend im Viertel der Drei Brunnen zu Abend essen oder aber bei einem Einkaufsbummel gemütlich die Matoyianni hinunterschlendern.

5. Künstler auf Mikonos

Ein Abendbesuch im Atelier der „Fauve"-Maler Luis Orozco und Dorlies Schapitz; eine Ausstellung in Christos Christous Kunstgalerie Pandora plus ein Konzert, eine Mimen- oder Tanzdarbietung im Anemos Theater.

Luis Orozco und Dorlies Schapitz leben im Lakka-Viertel, Chora; rufen Sie an (Tel.: 2 40 16), bevor Sie, vorzugsweise gegen 18 Uhr, von der Maouna-Kreuzung aus starten. Gehen Sie bergab, vorbei an der Bar L'Angolo (rechts), dem Restaurant Dolce Vita (links) und Mikonos' Grundschule (rechts). Dahinter sehen Sie an der ersten Abzweigung Christos Christous Kunstgalerie **Pandora** (11-15, 18-24 Uhr in der Hochsaison). Biegen Sie hier links ab und dann wieder links in die ruhige Gasse Ignatiou Vassoula.

Der dritte steile Treppenaufgang links – mit rotem Handlauf und Balkon – führt zum **Orozco/Schapitz-Studio**. Der in Mexico City geborene Luis hat in den Vereinigten Staaten, in Nordeuropa und in Griechenland ausgestellt. Auf Mikonos hängen seine Bilder in der Bar Montparnasse und im Restaurant El Greco. Dorlies Schapitz, geboren in Rehsen, Deutschland, stellt ebenfalls lokal aus.

Beide Künstler haben ständige Ausstellungen in Santa Fe, Neu-Mexiko. Vielleicht setzen Sie sich und plaudern ein Weilchen mit Luis, der 1960 zum erstenmal nach Mikonos kam und dessen Gemälde seine 30jährige Liebe zu dieser Insel reflektieren.

Jetzt geht es zur Kunstgalerie Pandora mit ihren Skulpturen, den Gemälden und Drucken. Achten Sie auf Lilly Kristensens Woll-Collagen und Christous' Marmorarbeiten. Ein anderer Künstler, dessen Arbeiten sich auch anzuschauen lohnen, ist der kanadische Aquarellmaler David Johnston. Seine **Galerie** liegt in der Aghion-Anargiron-Straße in der Nähe der Mitropoleos-Kreuzung (im Sommer, nach Vereinbarung, Tel.: 2 44 71). Wenn Sie aus der Galerie Pandora kom-

Luis Orozco

Die Galerie Pandora

men, laufen Sie nach rechts auf die Maouna-Kreuzung zu, wieder an der Schule vorbei und biegen links in die Plateia-Dim.-Koutsi ein. Gehen Sie rechts an der Polizeistation vorbei, bis Sie vor einem kleinen Amphitheater stehen. Passieren Sie den Torbogen linkerhand, und biegen Sie links ein: nach 25 m, an der Rohari-Straße, kommt das **Anemo Theater.** Die verschiedenen Darbietungen werden per Aushang angekündigt. Sind Sie an dem Programm interessiert, so ist vermutlich gerade noch Zeit, um etwas zu trinken. Zur Vengera Bar gehen Sie am Anemo in der Rohari Straße vorbei und dann die dritte Straße links.

6. Ausflug zur heiligen Insel Delos

Mit dem 10-Uhr-Boot nach Delos; Privatführung durch archäologische Stätten und Museum; Rückkehr nach Mikonos um 14 Uhr.

Dies ist eine relativ teure Besichtigungsfahrt zur heiligen Insel Apollos, aber meiner Meinung nach ist sie eine der bemerkenswertesten Tagestouren, die man im Mittelmeer überhaupt unternehmen kann, und folglich jede einzelne Drachme wert. Rufen Sie einen oder zwei Abende vor dem Ausflug die Fremdenführerin Aleka Angeletaki (Tel.: 2 25 37) an, um sich nach dem Honorar zu erkundigen und einen Termin zu vereinbaren. Denken Sie daran, daß die Ausgrabungsstättte und das Museum montags geschlossen sind. (Ich schlage vor, daß Sie das von Photini Zaphiropoulou (sie ist Alekas Patin) geschriebene Buch „Delos, Monuments and Museums" auf Mikonos kaufen und vorher lesen.) Nehmen Sie in einem der Hafencafés ein Frühstück zu sich und treffen Sie Aleka am Anfang des Piers, wo die Boote nach Delos festmachen.

Die stabile MS Hera (Hin- und Rückfahrtticket 1500 Drachmen) braucht etwa 30 Minuten für die Überfahrt, die bei Wind ganz schön rauh sein kann. Nehmen Sie also für alle Fälle eine Jacke mit. **Delos,** einem riesigen Freiluft-Museum nicht unähnlich – ins Auge fallen bekanntere Sehenswürdigkeiten wie die Avenue der Naxischen Löwen und die Mosaikböden – ist für den Besucher zunächst verwirrend. In der hellenistischen Ära wurde die Stadt 88 v. Chr. durch Mithridates, den syrischen König von Pontos, während seines Krieges mit Rom zerstört, geschleift und geplündert; etwa 20 000 Einwohner wurden getötet (die „wertvollen" Sklaven blieben allerdings verschont). Die Römer befestigten die Stadt und das Heiligtum, doch Mithridates Verbündeter, der Pirat Athenodoros, kehrte zum Schauplatz des Grauens zurück und versetzte Delos im Jahre 69 v. Chr. den Todesstoß.

Alekas Führung ist chronologisch aufgebaut, was zum besseren Verständnis der komplexen Geschichte der heiligen Insel beiträgt. (Aleka gehört zu Delos' fünf offiziellen Fremdenführerinnen; nach dem griechischen Gesetz sind nur diese berechtigt, Besucher nach Delos zu begleiten.) Sie gehen nach der Ankunft am neuen Pier auf der Westseite der Insel durch ein Tor (1000 Drachmen, sonntags freier Eintritt) und geradeaus weiter. Delos ist seit dem 3. Jahrtausend v. Chr. bewohnt, als die prähellenischen Karer in geschützter Hochlage auf dem Berg Kynthos siedelten. Später, im 2. Jahrtausend, als Delos ein minoischer Hafen wurde, breiteten sie sich bis in die Ebene hinunter aus. Es folgten die Ionier, unter denen der Apollo-Kult einsetzte. Apollo und seine Schwester Artemis, die Göttin der Jagd und der Keuschheit, sollen auf Delos geboren sein. Den Beginn dieses Kults setzt man um das 8.-7. Jahrhundert v. Chr. an.

Aleka wird Sie erst zum **Apollon-Heiligtum** führen. Es ist durch Schiefermauern klar abgegrenzt. Im 3. und 2. Jahrhundert v. Chr. stand hier alles voller Monumente, und so mußte man die Anlage erweitern, um die überbordende Sammlung von Statuen und Relikten unterbringen zu können. Zwei hellenistische Dynastien, Philipp V. und Pergamon, ließen diese Marmorbauten als eine Art Eigenwerbung anlegen. (Im Museum befindet sich ein Modell der Anlage für einen Überblick über ihre architektonische Komplexität). Die Wallfahrtstraße, die Delos' antiken Hafen mit dem Heiligtum verband, wurde erst später hinzugefügt und ist seit dem 7. Jahrhundert v. Chr. in Benutzung, während die von Hermesstelen bewachten Stufen zum Eingang aus dem 2. Jahrhundert v. Chr. stammen. Hier trafen die ionischen Wallfahrer mit Geschenken für die Gottheit ein. Die von Apollo-Priestern geleitete Prozession ging bis

Die Avenue der Naxischen Löwen

zum Altar, auf dem Tieropfer, vor allem Stiere, dargebracht wurden. Die Delischen Spiele, „Delia" genannt, fanden etwa acht Jahrhunderte lang einmal im Jahr statt. Es konnten aber auch Einzelpersonen jederzeit nach Delos (dem Lourdes der Antike) pilgern, um von Apollo eine besondere Gunst zu erbitten. Rechts, innerhalb des Heiligtums, befindet sich eine massive Marmorbasis. Die in dieser Region im 7. Jh. v. Chr. äußerst mächtigen Naxier hatten hier die 7 Meter hohe Marmorstatue eines Apollo errichtet, der bei einem Erdbeben oberhalb seines Bronzegürtels zerbrach. Neben der Statue steht die **Halle der Naxier,** die zu Delos' erster Führungsmacht geworden waren. (Sie können Aleka bitten, Ihnen etwas mehr über diese massiven Naxier-Statuen zu erzählen; einige von ihnen sind sogar noch auf Naxos selbst zu finden.)

Man kommt sodann zu den **drei Apollotempeln.** Der erste stammt aus dem Jahr 540 v. Chr., als auf Anordnung des Athener Tyrannen Peisistratos Delos' „Reinigung" erfolgte, bei der alle Gräber von diesem Heiligtum verlegt werden mußten. Der zweite Tempel, der Athener, datiert aus der klassischen Ära und derjenigen des Delischen Schutzbundes. Diese Tempel dienten wie Banken der Aufbewahrung von Schätzen und Statuen. In der Mitte des 5. Jahrhunderts v. Chr. wurde die zweite „Reinigung" der Insel eingeleitet, um die Einheimischen aus ihrer Heimat zu vertreiben. Nachdem die Athener hier zunächst die Vorherrschaft errungen hatten, fiel Delos unter den Einfluß der makedonischen Dynastie Philipps II., Vater Alexanders des Großen. Die Delier selbst vollendeten den dritten Apollontempel in einer Zeit relativer Freiheit.

Weiter geht's zum **Artemistempel,** der teilweise aus dem 2. Jahrtausend v. Chr. stammt, wie im Museum ausgestellte Elfenbeinfunde bezeugen. Dieses Heiligtum war immer einer weiblichen Gottheit gewidmet, Artemis oder einer unbekannten Vorgängerin. Auf dem Hügel stehen die Ruinen von fünf Schatzhäusern. Sie gehören verschiedenen Epochen an, Indiz für die Metamorphose Delos' von einer rein religiösen Pilgerstätte in eine Art gigantischen Kykladen-Tresorraum. Hinter den Schatzhäusern befinden sich der **Tempel der Leto,** Mutter der Olympier-Zwillinge, ferner der Heilige See, wo Apollo und Artemis geboren sein sollen, und die **Avenue der Naxischen Löwen.** In diesem Bereich siedelten sich in der hellenistischen Ära, als es in Delos so betriebsam zuging wie heute im August auf Mikonos, allmählich Läden und Restaurants an. An einer Straße mit hellenistischen Werkstätten befindet sich der einst überdachte und als Trinkwasserquelle benutzte Minoische Brunnen; die phallische Statue war Dionysos gewidmet. Auf einer leichten Erhebung liegen eine **Snackbar** – ein nettes Plätzchen für eine erfrischende Pause – und das **Archäologische Museum.** Es beherbergt

Kunstgegenstände aus mehreren Privathäusern der hellenistischen Zeit. Zu den Exponaten gehören außer klassischen Skulpturen auch erste Beispiele individualisierter Porträtstatuen, idealisierte archaische Kuroi. Etwa 1 km südlich des Museums liegen Ruinen von Läden, Restaurants und Privathäusern der hellenistischen Ära. Das **Dionysoshaus**, benannt nach dem minutiös ausgearbeiteten Mosaik des auf einem Panther reitenden Gottes ist ein mehrgeschossiges Gebäude, das einst einem Kaufmann gehört hatte. Lassen Sie sich durch den weißen Marmor nicht täuschen – früher war das Innere eine wahre Farborgie; von den Wänden bis zu den Säulen war alles bunt bemalt. In der Nähe steht das **Haus Kleopatras** und ihres Gemahls Dioskourides, 138 v. Chr. nach Delos gekommene Athener Bürger. Hinter dem Wohnviertel steht das 300 v. Chr. gebaute **Theater.** Obgleich nicht in ein natürliches Amphitheater hineingebaut, bot es dennoch 5500 Zuschauern Platz, kein geringes architektonisches Kunststück für jene Zeit.

Das Theater diente auch als Reservoir: Das Regenwasser wurde in eine riesige unter der Bühne befindliche Zisterne geleitet. Die Führung endet mit zwei Häusern, die Delos' bemerkenswerteste Mosaike enthalten, das Haus der Delphine und das Haus der Masken mit dem bereits erwähnten Dionysos.

Wem diese eine Besichtigung nicht ausreicht, könnte für die folgenden Tage weitere Führungen mit Aleka vereinbaren. Eigentlich braucht man etwa vier Tage für diese Ausgrabungsstätte.

Das Haus der Kleopatra

Naxos

8 km

nach Donoussa →

Ägäisches Meer

nach Siros →

nach Paros →

nach Ios →

Kap Stavros

KATSOPRINO

Bucht von
Ag. Theodoros

Bucht von
Apollonas

Agia

Apollonas

Bucht von
Abram

ANATHEMATISTRA

KALOGEROS

Ag. Momas

Mirissis

Mesi

Kloster der
Jungfrau
Faneromeni

Skeponi

Messi

Bucht von
Lionas

Bucht von
Amytis

KORAKIA

Ag. Sofia

KORONOS

Skado

Lionas

Moni
Ypsilis

Naos
Artemidos

Koronos

Argokiliotissa

Grotta Bay
Grotta Dilion

Keramoti

Atsipapi

Naxos
(Chora)

Moni
Chrisostomou

Agios

Pyrgos
Mavrogeni

Kinidaros

Ag. Kyriaki

Bucht
von
Azalas

Ag. Georgios Bay

Miloi

Sifones

FANARI

Theotokes

Moutsouna

Angidia

Melanes

Kalamitsa

Pano Kastro

Apiranthos

MONOPETRA

Bucht von
Moutsouna

Ag.
Prokopios

Monastery of
Ag. Saranda

Galanado

Kato
Potamia

Tsingalario

Chalki

Ag. Pachis

Ag. Theodoros

Ag. Anna

Pyrgos
Bellonia

Vourvouria

Filoti

TROULLOS

Bucht von
Ag. Anna

Pyrgos
Plakas

Tripodes

Damalas

Damarionas

Ag. Ioannis

Danakos

Plaka

Kato Sangri

Kaloritsa

Ano Sangri

Ag. Mamas

Kap Vigla

PLATIA RACHI

Naos
Dimitras

NAXOS-ZEVS (ZAS)

Ag. Theos

STROTI

Psili
Ammos

Mikri Vigla

Pyrgos
Oskelou

Pyrgos
Drioveta

Kastraki

Kastro
Apalyrou

Bucht von Kyrades

Ag. Stefanos

Ag. Georgios

Pyrgos
Chimarou

Bucht von Klidos

PALIOPYRGOS

MAVRI PETRA

Alyko

Panagia
Gialous

Fiontas

KERASIA

KASTRO

Bucht von Pou

Bucht von
Panormos

Bucht von Agiassos

Bucht von Rinas

VIGLAROURI

Kap Moni

Ag. Sozon

Kap Patsouras

Spilia Askiti

Bucht von Kalandos

Kap Katomeri

· · · · · Route 8

40

Naxos

Im Sommer müssen Sie Ihre Fähre (Katamaran oder Tragflächenboot) und die Unterkunft lange im voraus buchen. Wenn Sie von Míkonos aus nach Naxos fahren (oder auch zu anderen Kykladeninseln), sollten Sie sich vorher von Takis Manesis bei Sea & Sky Travel in Chora die Verbindungen heraussuchen und per Fax eine Unterkunft buchen lassen. Die Dauer der Überfahrt nach Naxos hängt vom gewählten Schiff ab. Katamarane und Tragflügelboote werden im Sommer zwar eingesetzt, nicht jedoch bei stürmischem Wetter. Vielleicht können Sie gegen 9 Uhr von Chora, Míkonos, starten, so daß Sie die ebenfalls Chora genannte Haupt- und Hafenstadt auf Naxos gegen Mittag erreichen. Zwei der unter *Wissenswertes* empfohlenen Hotels stehen in Choras ruhigem Kastro-Viertel. Es geht vom Hafen aus bergan, aber die Ruhe und der Blick von dort oben werden Sie für diese Mühe entschädigen. Choras Fremdenverkehrsamt ist im Hafenbereich gegenüber dem Busterminal gelegen.

Kostas und Despina Kitini kümmern sich um Inseltouren, Verkehrsverbindungen und Unterkunft. Falls Sie in ihrem Hotel Zevgoli bleiben, können Sie Ihr Gepäck hier abladen und den Berg hinaufbringen lassen. (Tel.: 02 85-2 52 00, Fax: 02 85-2 43 58. In Athen Tel.: 01-6 51-58 85.) Am Hafen finden Sie auch das Passenger Tourist & Travel Office mit seinen Wimpeln. Kapitän M. Denrinos weiß über die Schiffsverbindungen Bescheid. (Tel.: 02 85-2 45 81/2 27 15, Fax: 02 85-2 45 81.)

Chora, Naxos

Ein ganzer Tag. Frühstück oder Mittagessen im Meltemi; Bummel zur Portara; Spaziergang durch das alte Agora-Viertel; das Kastro-Viertel; der Crispi-Turm; Palast des Marco Sanudo; katholische Kathedrale; Jesuiten-Schule, an der Nikos Kazantzakis studierte; das Archäologische Museum.

Wenn Sie ab Mikonos den Páros Express oder das Tragflächenboot genommen und noch nichts Richtiges gegessen haben, sollten Sie zunächst vom Nordpier zum Hafen und zum **Restaurant Meltemi** laufen und dort am Wasser frühstücken oder zu Mittag essen, z.B. frischen, gegrillten Fisch oder auch ein traditionelles griechisches Gericht wie *pastítsio* (griechische Lasagne) oder *yemístes* (gefüllte Paprika, Zucchini oder Tomaten). Ausgangspunkt für diesen Erkundungsgang durch Chora ist die gigantische **Portara** (das Marmorportal) auf der Landzunge im äußersten Norden der Hafenstadt. Der Aufstieg ist bequem, außer an sehr heißen Tagen; man wird aber durch einen überwältigenden Blick auf Naxos' geschäftige Hauptstadt belohnt. **Chora** ist seit fünf Jahrtausenden durchgehend bewohnt und damit eine der ältesten Städte Griechenlands. Die Landzunge mit der Portara war einst ein kleines Eiland. Nach der Überlieferung wurde dort die Tochter des mythischen Königs Minos von Kreta, Ariadne, durch Dionysos, den Gott des Weines, gerettet. Die Naxoten betrachten letzteren als den unsterblichen Sohn ihrer Insel. Der dreigeteilte Eingang (Portara) ist alles, was von dem einen ionischen Apollotempel übrigblieb, der 530 v. Chr. unter dem Tyrannen Kygdamis begonnen worden war. Die Naxoten mögen's gern gigantisch, davon zeugen nicht nur die archaischen Kuroi, überdimensionale Jünglingsfiguren oder Götter, die unvollendet in den Marmorbrüchen oberhalb der Dörfer Apollonas und Flerio liegenblieben, sondern auch der Naxierkoloß Apollon auf Delos.

Doch am eindrucksvollsten ist wohl die aus drei immensen Steinen zusammengefügte Portara. Wenn Sie von hier aus auf Chora hinunterblicken, erkennen Sie auch die Bumerangform der Uferpromenade mit den Gyros- und Andenkenläden. Oberhalb der Betonwürfel aus den sechziger und siebziger Jahren liegt aber die von den Venezianern über der griechischen Stadt errichtete befestigte Stadt, das Kastro-Viertel. Zu Ihrer Orientierung schauen Sie von der Portara aus nach links. Hinter dem Restaurant Elli beginnt das Grotta-Viertel. Die **Plateia** des Hauptplatzes grenzt an die Abfahrtstelle der türki-

Die Portara

Das Kastro

sen Inselbusse am Hafen und den schattigen Tamariskenpark mit der **Bronzestatue des Petros Protopapadakis.** (Der einstige Finanzminister war mit der Formierung der griechischen Truppen betraut und für deren katastrophale Niederlage im Kleinasienfeldzug exekutiert worden; hier in seiner Heimat wird er aber immer noch hoch verehrt.)

Das Burgos-, also Agora-Viertel, ein wahres Labyrinth von Gassen mit Wohnhäusern, die von der Plateia ausgehen, reflektiert den venezianischen Einfluß im 13. Jh. Über dem Burgos-Viertel erhebt sich als zinnenbewehrte Krönung der Stadt das Kastro. Wenn Sie von der Portara aus bergab gehen, sehen Sie links das sich an den Berg schmiegende **Kloster St. Johann der Goldmundige** (Patronatstag am 13. November). Zu Ihrer Rechten liegt Paros mit seinen vielen Bergspitzen. Neben dem Büro der Busverwaltung, etwa 10 m weiter, steht gegenüber der Straße des Busdepots die katholische Kirche **St. Anton** (Messe im Sommer um 19 Uhr). Der **Obelisk,** mit einem Relief der trauernden Pallas Athena, ist ein Ehrenmal für Naxos' 1897 bis 1922 gefallene Soldaten. Gehen Sie an der rechts liegenden Apotheke von Nikolas Dellarokas (9-13.30 und 17-22.30 Uhr) und an der mitten im Hafengebiet stehenden winzigen **Kapelle der Jungfrau der Myrte** vorbei. 1707 erbaut, war sie einst Teil des venezianischen Docks und ist heute eine kleine Insel. Gegenüber der **Myrditiotissa Kapelle** liegt ein, von Cafés umgebener Platz mit einem Kiosk und, an der Ecke, ein großer Souvenir- und Spirituosenladen namens Probonas, in dem man naxotische Spezialitäten wie z.B. Zitronenlikör bekommt.

Gehen Sie die Ag.-Nikodemus-Straße hinauf; sie ist nach dem Schutzheiligen von Naxos benannt, der hier geboren ist (14. Juli). Sie passieren einen Torbogen und nehmen, den Schildern zum Archäologischen Museum folgend, die rechts hinaufführende Apollonas-Straße. Sie sind jetzt im **Burgos,** dem alten **Agora-Viertel.** In der Gasse folgt nach zehn Metern rechterhand ein *The Loom* ge-

nanntes Geschäft, das griechische Antiquitäten, handgewebte Kleidung, Textilien und andere „Griechische Volkskunst" verkauft – eine lohnenswerte Gelegenheit, sich dort in Ruhe umzuschauen. (Beachten Sie die Schattenspielpuppen, Schafglocken und fein gearbeiteten silbernen Gürtelschnallen.)

Wenn Sie weitergehen, kommen Sie an eine T-Kreuzung mit einer geranienberankten Wand. Biegen Sie rechts ab. Gehen Sie zehn Meter weiter bis an ein Porta tou Yalou genanntes Marmortor, den ersten von fünf venezianischen Kontrollposten, die Reisende damals – unter Vorlage eines Ausweises – passieren mußten, um in die Befestigung vom Kastro zu gelangen. Außerhalb dieses Portals sehen Sie eine blaue Tür; dahinter liegt die Kirche des Propheten Elias. Laufen Sie nun wieder zur T-Kreuzung. Zu Ihrer Linken befand sich hinter einem Torbogen, außerhalb des katholischen Kastro, die griechisch-orthodoxe Enklave vom Burgos. Beachten Sie an dieser Kreuzung die charakteristischen, abgerundeten Eckenverstärkungen der Gebäude: Sie sollten die Wände vor Beschädigungen durch schwer bepackte Lasttiere schützen. Gehen Sie die Treppe hinauf und lassen Sie Burgos unter sich. 20 m höher gelangen Sie durch einen anderen Torbogen – links eine schmiedeeiserne Wendeltreppe – und biegen links ab. Folgen Sie der nach rechts weisenden Beschilderung zum **Archäologischen Museum.**

Hier beginnen die Mauern des **Kastro-Viertels.** Sie wurden im Jahre 1207 errichtet, als venezianische Abenteurer 17 ägäische Inseln besetzten und die venezianische Dynastie Marco Sanudos begründet wurde. Links von Ihnen erhebt sich der als einziger von zwölf Wachtürmen übriggebliebene **Crispi-Turm.** Das Kastro wirkt heute wie eine Zitadelle, der die Schutzmauern fehlen. Die Einwohner der Chora, die nach dem Niedergang der Venezianer dort einzogen, haben nämlich klugerweise Häuser aus den Steinen der Befestigungen errichtet. Vor Ihnen steht nun das letzte Portal, das die mittelalterlichen Naxoten einst passieren mußten, die **Trani Porta,** deren Holztür 700 Jahre alt sein soll. Biegen Sie nach fünf Metern links ab und folgen Sie der Ausschilderung zum Museum.

Das Kastro ist eine Zitadelle mit Häusern, deren Außenwände einst den Bergfried formten. Die Außenmauern sind oben 1,5 m und an der Basis fast 2,5 m dick. Biegen Sie unmittelbar hinter dem großen Tor links die Sanudos-Straße ein und schauen Sie zurück: Oberhalb des Bogens steht ein Haus mit dem Wappen des Herzogs Crispi. Nun folgen Sie nicht länger den gelben Museumsschildern, sondern gehen Sie geradeaus. Wenn Sie Glück haben, können Sie ei-

Nützlicher Zeitvertreib

nen Blick in eines der Häuser werfen. Hinter ihren zur Straße führenden Türen liegen Gärtchen. Achten Sie auf die Fenster: Die Glasscheiben befinden sich außen und die Fensterläden innen – um die Kälte draußenzuhalten. Die Dächer im Kastro stießen damals allesamt aneinander, um den Bewohnern eine schnellere Flucht vor plündernden Piraten zu ermöglichen. Nach etwa 30 m erweitert sich die M.-Sanudos-Straße zu einem kleinen Platz. Hier ist das katholische Internat St. Anton, das im Sommer noch einige Schüler beherbergt, obgleich die Anzahl der kykladischen Katholiken drastisch geschrumpft ist.

Verlassen Sie den Platz nach rechts und laufen Sie bergauf. Nehmen Sie die erste linke Abzweigung und treten Sie nach rechts auf eine mit Zinnen versehene Terrasse. Vor Ihnen breitet sich die neue Stadt mit der Kirche **St. Kyriaki** aus, einst ein Kloster (Feiertag 7. Juli). Die Gebäude dahinter stammen alle aus dem 20. Jahrhundert. Das Denkmal auf dem Hügel wurde dem griechischen Bataillon gewidmet, das im Zweiten Weltkrieg gegen die deutsche Besatzung kämpfte. (Naxos wurde am 15. Oktober 1944, drei Tage nach Athen, befreit.)

Gehen Sie nun zum St.-Antons-Platz und biegen Sie links unter dem Bogen in die M.-Sanudos-Straße ein. Folgen Sie 5 m hinter

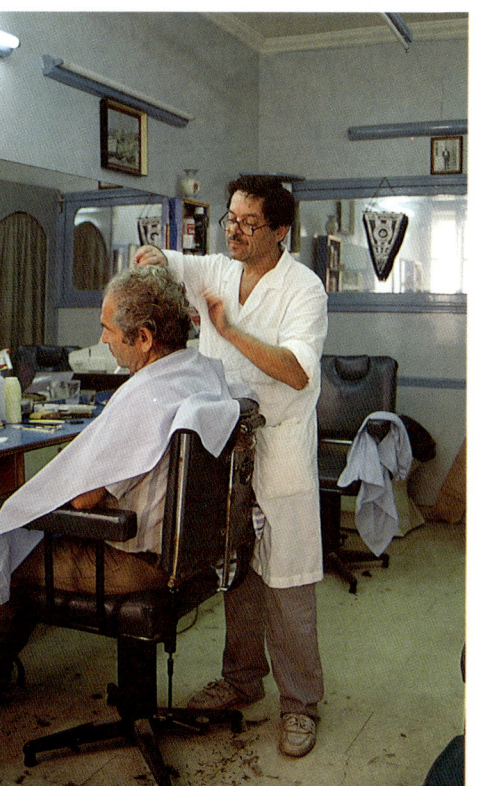

dem Bogen der ersten Straße nach links; sie führt mit zwei Stufen in eine kleine Gasse. Nun geht's im Gänsemarsch immer höher. Linkerhand liegt die Kirche der gottgeschützten Jungfrau, früher die einzige griechisch-orthodoxe Kirche im Kastro. Sie stammt aus der Zeit vor der venezianischen Sanudo-Dynastie: Sanudo wurde hier zum Herzog von Naxos gekrönt. Daneben steht sein Palast, heute die Residenz des katholischen Bischofs. Rechts ist die Rückseite der **katholischen Kathedrale** (Feiertag 2. Februar) zu sehen.

Ein preiswerter Haarschnitt

Der kleine Platz hier ist der Mittelpunkt vom Kastro. Die massive Steinmauer, der untere Teil eines ehemaligen Turms, enthält der Portara entnommene Marmorblöcke; hier hatte auch die ursprüngliche Besiedlung der Insel begonnen. Rechts bergab kommen Sie zu einem weiteren kleinen Platz. In der Kathedrale (hl. Messe So 9.30 Uhr; tgl. 17.30 Uhr) sind zwei Ikonen sehenswert: St. Johannes und die Jungfrau, die das Kind im *rechten* Arm hält, und eine zweite aus dem 12. Jh., die stillende Maria. Kehren Sie von der Kathedrale zur Steinmauer zurück und gehen Sie nun hinter dem herzoglichen Palast bergan. Folgen Sie den Wegweisern zum Archäologischen Museum in der früheren Handelsschule der Jesuiten, an der auch Nikos Kazantzakis studierte.

Am Strand von Mikri Vigla

Das **Archäologisches Museum** von Naxos (tgl. 8.30-15 Uhr, So geschlossen, Mo und an Feiertagen Eintritt frei) birgt als einziges Museum der Welt eine mannigfaltige und zugleich vollständige Sammlung kykladischer Artefakte. Die Exponate aus dem 3. Jahrtausend v. Chr. und auch aus der späten mykenischen Zeit sind einzigartig und verdienen eingehende Betrachtung. Kaufen Sie am Eingang den Katalog und suchen Sie das 50 cm große Idol von Kéros und das kleine, eine Schwangere darstellende Idol von Naxos heraus sowie, eine Seltenheit, ein männliches Idol. Das schönste Objekt ist der **Marmorkopf eines Kuros** aus dem 6. Jh. v. Chr.

Halten Sie sich nach dem Museumsbesuch links; Sie kommen dann unter der **Marienstatue** an der Überführung des Ursulinenklosters vorbei. Ein paar Stufen weiter unten, links unter zwei Steinbögen hindurch kommen Sie zu einem Platz mit dem exzellenten Restaurant **To Kastro Taverna** (s. *Kulinarisches*) und der Büste des makedonischen Helden **Christos Pradounas**. Gehen Sie ins Kastro und bergab, durch drei Torbögen und am **Oniro Roof Garden Restaurant** vorbei. Folgen Sie der ersten rechts bergab führenden Straße. Gehen Sie vor der kleinen Kirche links und dann geradeaus – alle bergab führenden Straßen enden am Hafen, Ihrem nächsten Ziel.

Nachmittags fahren Sie von Chora aus zu einem der Strände an der Westküste: **Aghios Georgios,** ideal für Windsurfer; **Plaka;** der spektakuläre **Mikri Vigla,** ein weiteres Paradies für Surfer; die weißen Sandstrände **Alyko** oder **Agiasos** – sie alle sind in der Hochsaison überfüllt. Halten Sie sich links, um den Massen zu entgehen.

8. Bergdörfer, Strände an der Ostküste und Apollonas

Ganztagestour ins Landesinnere mit der Marienkirche von Chalki; Mittagessen in Filoti; Museumsbesuch in Apiranthos; Fahrt nach Moutsouna und an die Strände der Ostküste, oder – als Alternative – gen Norden zur monumentalen Statue von Apollonas und westwärts zurück nach Chora.

Nach dem Frühstück im Hotel oder, vorzugsweise, in einem der Cafés an der Hafenzeile gehen Sie zum Südende des Hafens und die Fortsetzung der **Paraleia,** der Uferpromenade, hinauf. Mieten Sie bei Koufopoulos Rent A Car ein Auto, und fahren Sie zur Ecke mit der Nationalbank von Griechenland. Biegen Sie rechts ab und tanken Sie nach etwa 2 km an der Elinoil Tankstelle. Sie befinden sich nun auf der Hauptstraße zu den Bergdörfern Chalki, Filoti und Apiranthos und zum Hafen Apollonas an der Nordküste, Ihrem heutigen Ziel. (Das Tanken wird übrigens fast so teuer wie die Automiete; bedenken Sie das, wenn Sie Ihr Budget veranschlagen.) Nach weiteren 300 m erreichen Sie die Straßenkreuzung Mili (wo sich bei Flerio, einem antiken Steinbruch, ein 6,5 m großer *Kuros* befindet) und Sangri. Halten Sie sich rechts. Sie durchfahren nun die landwirtschaftlich genutzte Livadi-Ebene mit ihrer üppigen Vegetation; Reet und wie Wächter wirkende Agaven oder „Hundertjahrpflanzen", ein Import aus der Neuen Welt, säumen die Straße. Nach etwa 2 km gelangen Sie an eine andere Kreuzung, die rechts nach Tripodes und Ano Sangri führt; Sie folgen aber links dem Schild nach Koronos. Von dort an geht es bergauf. Links in der Ferne liegt Chora mit seinem Kastro, nördlich der Berg Koronas.

Der erste kleine Ort, 5 km hinter Chora, ist Galano mit der rot-grünen Pracht seiner vielen Hibiscusbüsche, der aber nicht sonderlich einladend wirkt. 2 km weiter, gegenüber dem Herakles Zementwerk, hat man bei klarem Wetter einen eindrucksvollen Blick auf

Blick auf Naxos von den Bergen

Zeit für das Mittagessen

die Insel Paros mit ihrem Parikía überragenden Kastro. 1,5 km hinter dem Paß öffnet sich vor Ihnen die gebirgige Mondlandschaft von Naxos. Wolken und das weiße ägäische Licht scheinen die Felsspitzen und Klippen mit hellen Tupfen zu versehen. Windmühlenruinen zur Rechten und, 4,5 km weiter, ein verlassenes Kloster säumen eine holprige Straße zum Strand Agiasos an der Westküste; aber diesen Strand sollten Sie besser ein anderes Mal über die von Chora herführende Straße aufsuchen. Die nächsten 4 km sind voller Olivenhaine; am Himmel tummeln sich Schwalben und Raubvögel. Bei km 15 kommt die Abzweigung nach Furia und Damarianos, markiert durch die St.-Prokopios-Kirche direkt an der Straße.

Dieses **Tragea** genannte Gebiet um Naxos ist ein regelrechter Obst- und Blumenhain. In den Dorfgärten wuchern Oliven, Zitrusbäume, Feigen, Trauben und Flieder. **Chalki,** 1 km von der Kreuzung nach Damarianos entfernt, beheimatet die aus dem 9. Jh. stammende **Kirche der Jungfrau Protothronos** („Die Erstinthronisierte"), direkt gegenüber des Kiosks auf der durch den Ort führenden Hauptstraße. Unmittelbar daneben steht der **Grazia-Turm,** einst Sitz der Familie Barozzi. Über dem Portal ist ein Wappenschild von 1742 angebracht. Sie könnten in der Nähe des Kiosks parken und sich nach dem Weg zum Haus des Priesters erkundigen, der, von dieser Kirche aus gesehen, etwas oberhalb der Straße wohnt. Wenn er zu Hause ist, wird er die Kirche für Sie öffnen. Die Wandmalereien aus dem 9.-13. Jh. sind exquisit, vor allem die der Kuppel, mit einem grimmigen Christus, umringt von Heiligen im Glanze ihres Nimbus, sowie die anmutige Verkündigungsszene. Sollte der Priester „Papa Vassilis" nicht da sein, sollten Sie wenigstens einen Moment lang den Duft der Rosen seines Gartens einatmen und einen Blick auf den Papadakis-Turm nebenan werfen, heute ein Privathaus; wie man sieht, wohnen die Naxoten des 20. Jhs. in den Zitadellen ihrer Vorfahren ziemlich komfortabel (zumindest im warmen Sommer). Ansonsten vertreten Sie sich in den engen Straßen von Chalki ein wenig die Beine. Es ist ein ganz unverfälschtes kleines Dorf und seit der Jahrhundertwende praktisch unverändert. Im *kafeneion* **O Manolis** können Sie im Schatten eines riesigen Fliederbeerbaums einen griechischen Kaffee trinken. Biegen Sie hinter Chalki rechts nach Filoti und Danakos ab. Die zuckerhutähnliche Zinne zu Ihrer Linken heißt Fanari, also „Leuchtturm". An sie schmiegt sich das Dorf **Filoti,** eine Pyramide aus Zuckerwürfel-Häusern 2,5 km oberhalb von Chalki. Die links auf einer Bergkuppe hockende weiße Kapelle ist St. Johann (Festtag 9. August). Sie ist von Filoti aus in einem zweistündigen Fußmarsch zu erreichen.

Parken Sie in der Nähe des Platzes mit den schattenspendenden Platanen, und essen Sie bei **Pano Yefiri** („Über der Brücke") eine Kleinigkeit. Das Restaurant wird von genialen Kanadiern geführt. Sollten Sie am 15. August hier sein, könnten Sie an den fröhlichen Feierlichkeiten zu Mariä Entschlafung teilnehmen. (Wanderer sollten sich das in Chora im Zoom Foto Service/Internationale Presse auf der Hafenzeile erhältliche Buch Christian Uckes „Walking Tours On Naxos" zulegen. Das ist der beste Führer für sportliche Leute, die ca. einen Monat für die Insel Zeit haben'und das Tragea-Becken näher erkunden wollen.) Wer einen Jeep hat, sollte für einen anderen Tag die holprige Piste zu einem südwärts gelegenen Strand vormerken, eine 24 km lange Tour, bei der Sie die Straße, die mittelalterlichen Wachtürme und, am Ende der Fahrt, den **Strand Kalandos** für sich ganz allein haben. Erkundigen Sie sich in Pano Yefiri nach dem Weg. Kalandos ist natürlich auch von Agiasos oder, mit dem Schiff, von Chora aus zu erreichen. Hinter Filoti, auf der Straße nach Apiranthos, erhebt sich, ein wenig an Gibraltar erinnernd, der 1001 m hohe Zeus oder *Zás*.

2,5 km nach Filoti erreicht man die Abzweigung nach Danakos. Halten Sie sich links und bleiben Sie auf der Hauptstraße mit Blick auf Naxos und Chora hinter Ihnen.
Nach dem Sattel des *Zás*, der höchsten Erhebung der Kykladen, wird das Meer wieder sichtbar; von hier geht's 3 km bergab nach Apiranthos. Das von kretischen Einwanderern gegründete **Apiranthos** hat ein interessantes **Kykladen-Museum** (im Sommer tgl. 8.30-13.30 Uhr). Parken Sie fast am Ende der Stadt gleich in der Nähe der Kirche der Jungfrau an der Hauptstraße, gegenüber dem Kriegerdenkmal, und laufen Sie von hier aus einfach zu Fuß weiter. Georgios Kastrisios (Tel. 6 12 60), Kurator des Museums, verfügt über ein großes kunsthistorisches Wissen: Wenn Sie außerhalb der Saison kommen, rufen Sie ihn

Apiranthos

Hausweberei

einfach an und bitten Sie um einen Termin. Das Museum befindet sich etwa 250 m vom Ehrenmal entfernt direkt hinter der Kirche St. Anton mit ihrem schützenden Platanenbaum. Wenn Sie an einer Besichtigung der **Höhlen** interessiert sind, in denen die Handwerker dieser kykladischen Artefakte einst lebten, rufen Sie den fabelhaften Zorbas Grazias (Tel.: 6 13 39) in Apiranthos an und sagen ihm einfach, daß Elizabeth Sie schickt. Gerne wird Ihnen Zorbas auch dabei behilflich sein, eine schöne Unterkunft zu finden, falls Sie für einen längeren Aufenthalt nach Apiranthos zurückkommen möchten.

12 km östlich des Dorfes wartet das am Meer liegende **Moutsouna** auf jene, die den Nachmittag lieber am Strand als mit einer Inselrundfahrt über Apollonas verbringen möchten. Auf der Fahrt zum Meer hinunter sind in der Ferne die kleinen Inseln Makares und, dahinter, Donoussa zu erkennen. An der Ostküste unterhalb von Moutsouna gibt es schöne Strände in **Psili Ammos** (7 km) und **Panormos** (10 km). Vielleicht heben Sie sich Apollonas für einen anderen Tag auf und fahren jetzt einfach zum Strand.

Apollonas (siehe nächste Seite), einst sehr hübsch, hat außer seiner massiven archaischen Statue, dem Kuros, der immer noch in seinem Marmorbett liegt, wenig zu bieten. Wenn Sie sich also für einen hedonistischen Nachmittag entscheiden, sollten Sie vor der Rückfahrt nach Chora genug Zeit für Moutsouna und Apiranthos vor Einbruch der Dunkelheit einplanen, Sie brauchen nämlich, mit einer kurzen Erfrischungspause in Moutsouna, etwa eine Stunde von Panormos nach Apiranthos. In diesem windgepeitschten Gebiet gibt es wilde Oliven, Thymian und Ziegen in Hülle und Fülle und sonst nichts. Der glit-

Durchgang in Apiranthos

zernde, aschgraue Stein hier ist Schmirgel, den die Naxoten der Antike zum Polieren ihrer Marmorstatuen benutzten, früher einer von Naxos' Hauptausfuhrartikeln. Wenn Sie auf Mikonos schon genug Strandleben genossen haben und lieber die **Nordroute** nehmen, um Apollonas einen Besuch abzustatten, dann fahren Sie von Apiranthos gen Norden, vorbei an riesigen Eichen, deren Früchte als Viehfutter genutzt werden. Auf dieser kehrenreichen Straße ist es eine gute Idee, vor jeder nicht einsehbaren Kurve zu hupen. Etwa 5 km hinter Apiranthos kommt ein kleiner Landsattel, auf dem das Kirchlein Stavros Keramotis steht. Folgen Sie den Wegweisern nach Apollonas und nicht den rechts abzweigenden Straßen. Nach etwa 3,5 km gelangen Sie in das Dorf Koronos, das aus der Ferne hübscher aussieht. Danach folgt rechterhand das Dorf Skado. Hinter Skado biegen Sie in die untere, schnellere Straße Mesi/Apollonas ein. Sie führt durch das kleine Mesi, wo die asphaltierte Strecke dann für eine Weile endet: Auf ganz Naxos sind Straßenbauarbeiten im Gange. Nach 12 km kommen Sie an einem Wasserlauf und etlichen Brunnen vorbei. Üppige Granatapfelbäume, Zitronen, Bananen und Schilf markieren den Flußlauf zum Meer. Das Land hier ist stark terrassiert, damit wollen die an Boden armen Insulaner der Erosion Einhalt gebieten und Ackerland gewinnen. 1,5 km weiter folgen Sie der oberen linken Abzweigung zum Kuros. Nach 600 m kommt links ein kleines, blaues Schild.

Parken Sie und gehen Sie die 65 Stufen hinauf. **Apollonas Kolossalstatue,** der 10,5 m lange Kuros, der vermutlich Dionysos darstellen soll, liegt auf dem Rücken in seinem Marmorbett, aus dem er im 6. Jahrhundert v. Chr. herausgemeißelt und dann seltsamerweise verlassen wurde.

Der Kuros von Apollonas

Verzichten Sie auf Apollonas selbst, fahren Sie über die Nordküste nach Chora zurück. Wo Sie das Kap umrunden, ist Naxos trostlos und windgepeitscht, die Nordküste ist der vollen Wucht der Winterstürme ausgesetzt, aber eben das macht den Reiz aus. Nach 8,5 km kommt man nach **Agia,** einer mittelalterlichen Festung über der See. 8 km hinter Agia zweigt der Weg nach **Abram** ab, wo ein Kiesstrand mit Hotel und kleiner Taverne zur Rast einlädt. Nach 5 km kommt links das Kloster der Jungfrau Faneromeni aus dem 17. Jh. in Sicht. Nach 9 km Fahrt in Richtung Süden gelangen Sie in eine fruchtbare Ebene mit Orangenhainen und, hinter einer Brücke, ins geschäftige **Engares**. Nach 10 km erreichen Sie auf der Straße, die nahe dem Busterminal den Hafen kreuzt, wieder Chora.

PAROS

Fahrkarten für die Fähre nach Parikía, Paros (und zu allen anderen Orten) bekommt man auf Naxos bei Despina Kitini oder bei Kapitän Dentrinos. Die Überfahrt auf der Poseidon Express dauert ca. eine Stunde. Wenn Sie noch keine Reservierung gemacht haben und ein Auto mieten wollen, biegen Sie am Ankunftspier links ab und gehen zur Avant Travel Agency und Budget Rent A Car. Anders als Naxos ist Paros nicht mit Dörfern übersät; es ist auch nicht so gewollt touristisch wie Mikonos, obgleich es im Sommer sogar mehr Besucher anzieht. Paros ist mysteriös, verhalten und genau das richtige, um im Frühling oder Herbst einmal abzuschalten.

9. Parikia

Frühstück im Café Nostos Crêperie; die Kirche Ekatontapiliani; die alte Agora; Blick von der Kirche Konstantin und Helena; mit dem Kaiki zu den Stränden Krios und/oder Kaminia; Rückkehr in die Stadt und Abendessen im Tamarisko Garden Restaurant.

Ihr Streifzug durch Parikía beginnt an der **Informations-Windmühle** im Hafen am Pier der Inter-Insel-Fähren. Überqueren Sie den Verkehrskreisel in Richtung Stadt, vorbei an einem Kiosk unter einer Tamariske (links). Geradeaus passieren Sie die parische Büste Mando Mavrogennous (1796-1848; links) und die Gedenkstätte für die griechischen Widerstandskämpfer von 1940 bis 1944 (rechts). Zwischen der Agricultural und der National Bank biegen Sie links ab. Vor Ihnen liegt an der Ecke das **Café Nostos,** der ideale Ort, um sich an einem Frühstück oder Brunch – frischen Crêpes, herzhaft oder süß – zu laben.

Parikía

Die Informations-Windmühle

Kehren Sie dann zum Hafen zurück und gehen Sie an der Mühle rechts, vor der Kapelle St. Nikolaus wieder rechts und die an den Stadtpark anschließende Allee hinunter. Am Scheitel des dreieckigen Parks, in der Nähe einer Pinien- und Zederngruppe, leuchtet die weiße Fassade (mit Schindeldach) der **Kirche der Hundert Tore, der Ekatontapiliani.** Im 6. Jh. Maria geweiht, wurde sie seitdem ununterbrochen zu religiösen Zwecken genutzt. Kaiser Konstantins Mutter, St. Helena, soll auf Paros einen Sturm überlebt und deshalb das Gelübde abgelegt haben, auf der Insel eine Kirche errichten zu lassen, ein Versprechen, das Kaiser Justinian später einlöste.

Das Kloster und der Garten, angelegt, um die Patres vor Piraten zu schützen, entstanden ein Jahrhundert nach der Kirche. Deren zuckrig weißgetünchter Bau ist nüchtern, die unverputzten Steine von schön gesprenkeltem Grau. Im Gegensatz dazu bilden massive Goldkandelaber, imposante, ziselierte Christus-Silberikonen und die von *tamata* umrahmte Jungfrau – goldene und silberne Votivgaben für die Heilige Familie als Dank für erhörte Gebete – sowie das spitzenzarte Maßwerk des Retabels im Innern der Kirche einen betonten Gegensatz zum schmucklosen Äußeren. Im Norden des Gebäudes ist die kleine St.-Nikolaus-Kapelle eingerichtet, die älteste der verschiedenen Heiligen gewidmeten Seitenkapellen; in ihren Bau sind antike Säulen aus parischem Marmor integriert. In der Taufkapelle westlich der Hauptkirche befindet sich ein vertieft angelegtes Becken in Form eines gewaltigen Kreuzes für Taufen, bei denen der Täufling ganz untergetaucht wird. Fällt Ihr Besuch auf Paros mit Mariä Entschlafung am 15. August zusammen, werden Sie Zeuge des größten Feiertags der Insel und ihrer Kirche.

Gehen Sie nach der Besichtigung links, dann rechts (sofern Sie nicht noch Paros' **Archäologisches Museum** aufsuchen, etwa 50 m bergan auf Ihrer linken Seite; tgl. 8.30-14.30 Uhr; Mo und feiertags geschlossen; So Eintritt frei). Etwa 20 m vor der

Im Innern der Ekatontapiliani

Ecke gehen Sie zwischen der Kirche St. Nikolaus (links) und der Erlöserkirche (rechts) weiter. Sie kommen gleich an einem Torbogen (rechts) vorbei, gehen ein Stück weiter, dann die Treppe hinauf und bis zu einem ungewöhnlichen kleinen Platz. Sie passieren einen Brunnen aus dem Jahr 1777 und die Kirche der Septemberjungfrau (rechts), dann die Kirche der Drei Heiligen (links). Biegen Sie bei der nächsten Abzweigung links ein. Dies ist die Gasse, die zum ausgeschilderten Tamarisko Garden Restaurant führt, wo Sie auch zu Abend essen können.

Gehen Sie durch den Torbogen in die Agorakritou-Straße; Sie stoßen dort auf die Hauptgeschäftsstraße der **alten Agora.** Gehen Sie dann nach rechts und sofort wieder links. Hier befinden sich die Juweliere Svouna und Ammos und daneben, mit der überdimensionalen Amphore vor der Tür wohl kaum zu übersehen, die **Paros Art Gallery** – dies sind die besten Geschäfte für Kunst und Kunsthandwerk in der alten Agora.

Gehen Sie zurück zur Poldo Snack Bar (zwei Türen weiter links befindet sich die gute Bäckerei Ragousis), und nach rechts in die Stadt hinunter. Dies ist die Hauptdurchgangs- und Geschäftsstraße, **Lohagos Kortianos**. Achten Sie links auf ein mit Bogen verse-

Paros und Antiparos

8 km

nach Siros

Ägäisches Meer

nach Piräus, Kithnos

Spileo Archilochou

Kap Ag. Fokas

nach Antiparos

Bucht von

Peponas

EPANO FYRA

Ag. Irini

Keraki

KATO FYRA

SALIAGOS

Psycho-
riana

Sotires

Ag. Theologos

BOUTARIA

Petaloudes

Antiparos

Glyssidia

Stavros

Pounta

Ag. Dimitrios

Panagia

ANTIPAROS

Ag. Nikolaos

Venetia

Voutakos

Soros

Kavos Glifa

K A M B O S

Cave

Kap
Makria Miti

Bucht von
Aliki

Kap Akako

nach Ios

henes Gebäude, das **Haus Evanthia Damias** mit zwei seltsamen, undatierten Reliefskulpturen. Die Brunnen rechts, einige Meter weiter, sind beispielhaft für die eleganten einheimischen Wasserspiele.

Gehen Sie rechts die Stufen hinauf, um in Parikías **Kastro** zu gelangen. Unmittelbar vor Ihnen liegen die Apollo und Demeter geweihten Parischen Tempel, deren Säulenschäfte direkt in die mittel-

alterliche Mauer eingearbeitet wurden. Heute bildet die fränkische Festung einen massiven, improvisierten Taubenturm; hüten Sie sich also vor luftigen Grüßen! Biegen Sie rechts ab und umrunden Sie die Reste der venezianischen Zitadelle, gehen Sie wieder nach rechts, auf den Hafen und die Kirche der Heiligen Konstantin und Helena zu und steigen Sie links einige Stufen hinauf. Die breite Terrasse vor der Kirche birgt auf beiden Seiten des 300 Jahre alten Gebäudes die Marmorsockel des aus dem 7. Jh. v. Chr. stammenden **Apollotempels,** dessen obere Bauteile schon vor langer Zeit für spätere öffentliche Bauten ausgeschlachtet worden sind. Gehen Sie zur Hauptgeschäftsstraße hinunter und bummeln Sie durch die mit Oleander und Sharon-Tulpen gesäumte Agora. Sie ist voller Boutiquen und Läden mit Touristenramsch; und wenn Sie das Geschiebe und Gedrücke der Menschenmassen leid sind, dann kehren Sie zum Hafen zurück, nehmen einen Kaiki über die Bucht und ein kühlendes Bad an Paríkías ordentlichen Stadtstränden **Krios** oder **Kaminia**.

Machen Sie sich nach 19 Uhr auf, um im **Tamarisko Garden Restaurant** oder im **Levanti Restaurant** zu Abend zu essen. (Um den Sonnenuntergang zu betrachten und nach dem Essen noch einen Drink zu nehmen, sitzt man sehr schön in der Pebbles Piano Bar oder in der Ouzerie, beide an der Uferpromenade beim Rathaus.) Vergessen Sie heute abend auch nicht die guten parischen Weine: den roten Paros label, Crevelier rosé oder den weißen Nisiotissa.

10. Ein Morgen auf Antiparos

Mit der Fähre von Paríkia – oder, als Alternative, mit dem Bus oder Leihwagen von Parikia nach Pounta und von dort mit der Fähre – nach Antiparos; Busfahrt zur unterirdischen Tropfsteinhöhle; Schwimmen und Schnorcheln.

Von Mai bis zur ersten Oktoberwoche kann man in Paríkia einen Kaiki für den Ausflug zur westlich von Paros gelegenen Insel Antiparos nehmen. Die Überfahrt dauert etwa 45 Minuten und führt an dem winzigen Eiland Saliagos vorbei, das einst mit Antiparos und Paros eine einzige Landmasse bildete. Hier wurden die ersten Spuren menschlicher Besiedlung auf den Kykladen entdeckt. Eine Alternativroute nach Antiparos wäre, mit einem Leihwagen der westlichsten der aus Paríkia herausführenden Straßen zu folgen; ich rate Ihnen, dem Bus den Vorzug zu geben (Abfahrt im Sommer 7-22 Uhr), der aus der Stadt herausfährt und nahe der Ekatontapiliani nach rechts abbiegt. Die Straße nach **Pounta** ist sehr gut ausgeschildert. Die 8 km lange Strecke führt durch Vororte zu den winzigen Buchten der Westküste mit Hotels für Pauschalreisende.

Lokale Transportmittel

Morgenstund…

Auf einer Anhöhe direkt hinter Paríkia sehen Sie rechts **Antiparos** und ein Inselchen mit der Kapelle St. Spyridion, dann geht's direkt den Hügel nach Pounta hinab. Zwischen den anderen kahlen Inseln liegt Saliagos, die zweite rechts hinter der Privatinsel Revmatonisi, die der Reederfamilie Goulandris gehört. Die Fahrpläne von Autofähre und Paríkias Bussen sind aufeinander abgestimmt, halten Sie sich also nicht auf, wenn Sie aus dem Bus steigen.

Die Überfahrt von Pounta aus dauert etwa fünf Minuten; die Fähren nehmen Passagiere wie Autos mit. An ruhigen Tagen können Sie im Wasser antike Mauern erkennen, ein Beweis dafür, daß die Inseln früher zusammenhingen. Wenn Sie ein Auto mitgebracht haben, nehmen Sie die östliche, aus Antiparos herausführende Strasse nach Süden. Im Stranddorf **Soros** gibt es eine, in **Aghios Georgios** mehrere Tavernen. Hinter dem eigentlichen Antiparos hört die asphaltierte Straße auf. Die Hauptattraktion auf **Antiparos** ist, abgesehen von den Stränden, die **Tropfsteinhöhle.** Sie ist 9 km von Antiparos-Stadt entfernt und von April bis Mitte Oktober geöffnet. Auf die von den Fähren strömenden Besucher wartet ein Sonderbus; der Fahrpreis schließt die Besichtigung der Höhle ein. Sie ist 125 m tief und über 409 steile, heimtückische Stufen mit eisernem Handlauf zugänglich, die 1936 gebaut (und seitdem nie mehr ausgebessert) wurden. Im Jahr 1673 wurde in der großen Felsenkammer von einem französischen Bischof und Konsul eine ungewöhnliche katholische Messe zelebriert. Zweihundert Teilnehmer hatten den Abstieg mitgemacht und dabei viele der nur langsam wachsenden Stalaktiten und Stalagmiten zerbrochen. Im Zweiten Weltkrieg richteten deutsche Bomben weitere schwere Zerstörungen an.

Außerhalb der Saison rufen Sie den Wärter, Herrn Vassilis Patellis in Antiparos wegen einer Führung an, Tel.: 02 84-6 13 15. Herr F. Morakis von Morakis-Tours (Tel.: 02 84-6 13 46, 6 13 90; Fax 02 84-6 13 49) in Antiparos-Stadt wird Ihnen bei Transport und Unterkunft helfen. Wenn Sie in Paríkia Mittagessen wollen, gehen Sie die Hauptmarktstraße bis zu dem Eukalyptusbaum hoch und biegen dann links ab. **Maki's Restaurant** bietet gute Hausmannskost.

Mit dem öffentlichen Bus oder einem Leihwagen (wenn Sie den parischen Wein kosten wollen, nehmen Sie besser den Bus!) nach Naoussa; ein Nachmittag an einem wunderschönen, lebhaften Strand; Abendessen plus „Souma-Probe" in der Kargas Ouzerie.

Naoussa ist, wie Lindos auf Rhodos, der Erschließung zum Opfer gefallen; ein Grund mehr, in der Vor- oder Nachsaison zu kommen. Die Busfahrt von Paríkia zu dem Hafenstädtchen, eine uninteressante Strecke durch den nordöstlichen Teil der Insel, dauert 20 Minuten. Unterwegs werden Sie an dem in einen Hang hineingebauten **Kloster der „Pfenniglosen Heiligen"** – Aghoii Anargyri, Cosmas und Damian – vorbeikommen. In der Nähe von Naoussa, wieder rechts, liegt die riesige **Klosteranlage Longovarda**, der Jungfrau des lebenspendenden Frühlings geweiht, das für Frauen aber nicht zugänglich ist. Gehen Sie am Busterminal von Naoussa rechts auf das Meer zu, unter dem Brückenbogen (Yefira, Brücke, genannt) hindurch zum Haupthafen. Rechts ist die am Ufer liegende **Kapelle St. Nikolaus** zu sehen, ihr gegenüber, mit Blick auf den geschäftigen Fischereihafen innerhalb des Hafengebiets, **Ouza Souma Kargas**, eine Ouzerie, in der die *souma* genannte einheimische Version hausgemachten Whiskys gekostet werden kann. Zu diesem parischen Alkohol passen hervorragend der in der Sonne getrocknete *octopus* und die frischen Makrelen. Schlendern Sie am Fischereihafen entlang zum Haupthafen zurück. Nehmen Sie hier einen Kaiki zu den nahen Stränden **Kolimbithres** (mit seinen dramatischen Felsformationen), **Monastiri** (so benannt nach dem St.-Johannes-Kloster auf den Klippen), **Langari** oder **Santa Maria**. Abfahrtszeiten im Sommer von 10 bis 18 oder 19 Uhr.

Nach Naoussa zurückgekehrt, kann man unter einigen guten Restaurants wählen. Auf der Mando-Mavrogennous-Straße gegenüber dem Postamt erkennt man an einer blau-schwarzen Tür das teure Gartenrestaurant **O Christos**. Hinter der Polizeistation liegt das **Pervolaria**, mit blau-roter Pforte, eine weitere feine Adresse. Unterhalb der Pantanassa, auf halbem Weg zum Busterminal, finden Sie die **Le Carre Restaurant Bar,** erschwinglicher und weniger förmlich.

Geschäftiges Treiben im Hafen von Naoussa

Santorin

Um sich Santorin, von den Griechen Thera genannt, romantisch zu nähern, wählt man den Seeweg. Nehmen Sie eine Nachmittags- oder eine Nachtfähre, vorzugsweise die Poseidon Express von Paros, und reservieren Sie eine Kabine 1. Klasse. Seien Sie 45 Minuten vor Ankunft an Deck, denn den Blick auf die Kraterwände dürfen Sie sich nicht entgehen lassen. Allmählich dampfen Sie in die gigantische Caldera hinein, den Kraterkessel, der sich bildete, als die Insel 1500 v. Chr. zerbarst. Bei Ankunft im Morgengrauen dürfen Sie meist bis Tagesbeginn an Bord bleiben. Im Sommer kommen stündlich Busse an die Fähre; eine im voraus gebuchte Unterkunft ist unabdingbar. Ihr Hotelier kann den Transfer veranlassen oder bei den Verkehrsverbindungen helfen.

Ich empfehle zwei Reisebüros: Wegen einer Unterkunft wenden Sie sich am besten an Christos Vlahoyannis bei More of Santorin, Phira/Imerovigli, P. O. Box 47, Santorin 84700, Tel.: 02 86-2 20 07/2 25 54; Fax 02 86-2 38 09; oder an Bellonias Tours in der Iosif-Dekigala-Straße südlich der Agricultural Bank, Tel.: 02 86-2 22 21/2 24 69/2 36 04; Fax: 02 86-2 36 13; dort organisiert man auch Inselrundfahrten, Weinproben in der Winzerei Boutari und Ausflüge zum Kraterkessel mit seinen heißen Quellen.

12. Ein Streifzug über die Insel

Fußmarsch von Imerovigli oder Firostefani nach Phira; Museen und Frühstück – oder Mittagessen – in der Stadt; ein Bad an den Stränden von Kamari, Vlihada oder Perivolos; Sundowners in Franco's Bar in Phira; später dann ein Abendessen im Sphinx, im Alexandria oder Bella Phira; Barbesuch in Phira. Denken Sie an Ihr Badezeug.

Einmal nur sollten Sie während Ihres Kykladenbesuchs früh aufstehen –

Die Überfahrt nach Santorin

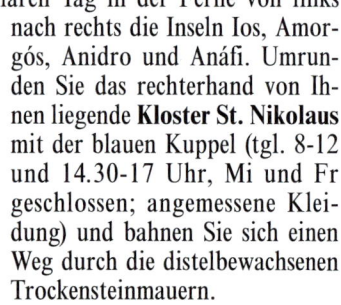

die Morgendämmerung auf Santorin ist atemberaubend schön – und von Ihrem Hotel in Imerovigli oder Firostefani über die Klippen nach Phira, der Hauptstadt der Insel, laufen. (Von Ia aus ist's für diese Tour zu lang und zu heiß.) Wenn Sie, meiner Empfehlung folgend, in einer der Residenzen auf der Caldera untergekommen sind, haben Sie die traditionelle Santorin-Architektur, die als Tonnengewölbe in die Klippen gehauenen und als Wohnung dienenden *skafta*, gleich aus erster Hand studieren können. Sie werden während Ihrer ganzen Tour heute morgen auf diese wabenförmigen Gebilde stoßen, deren Form auf der seismisch noch aktiven Insel einen gewissen Schutz gegen gelegentliche Erdstöße bietet.

Bei dem Ausflug über den fast durchgehend betonierten Weg liegt die Caldera die ganze Zeit zu Ihrer Rechten. Von Imerovigli aus sieht man rechts in der Ferne das unbewohnte kleine Eiland Thirassia. Dann kommt der „Star" des Vulkankraters selbst, eine tiefschwarze kleine Insel namens Nea Kamenia (Neue verbrannte Insel), mit Palea Kamenia (Alte verbrannte Insel) und dem kleinen Aspro (Weiß) dahinter. Da Santorin sich wie eine Mondsichel gen Südwesten krümmt, erkennen Sie das Dorf Akrotiri (das der Neuzeit) am Ende der Sichel. Nach einem fünfminütigen Marsch südlich von Imerovigli, sehen Sie an einem klaren Tag in der Ferne von links nach rechts die Inseln Ios, Amorgós, Anidro und Anáfi. Umrunden Sie das rechterhand von Ihnen liegende **Kloster St. Nikolaus** mit der blauen Kuppel (tgl. 8-12 und 14.30-17 Uhr, Mi und Fr geschlossen; angemessene Kleidung) und bahnen Sie sich einen Weg durch die distelbewachsenen Trockensteinmauern.

Nach weiteren fünf Minuten kommen Sie nach **Firostefani**. Die elegante grau-weiße Kuppel rechts gehört zur römisch-katholischen Markus-Kirche. Die griechisch-orthodoxe Kirche St. Gerasimos, von Zedern flankiert, liegt nach etwa 50 m links; übrigens ein wunderbarer Ort, um das griechisch-orthodoxe Osterfest zu begehen. Auf dem kleinen

Katze auf dem heißen, weißen Dach

Santorin und Thirassia

8 km

nach Ios
nach Piräus
nach Folegandros

Ägäisches Meer

Kap Mavropetra

Baxedes

Kap Kouloumbo

Ag. Ioannis
Tholos
Perivolos
Ia
Pori
Kap Ormos
Ammoudi
Finikia
Armeni

Aghia Irini

Ag. Artemios

THIRASSIA

Evangelismos

Korfos
Potamos
Thirassia
Vourvoulos
Agrilia

Imerovigli

SANTORIN
(THERA)

Ag. Charalambos
Christos

Firostefani

Profitis Ilias

Phira

Koimisi

Monolithos

Kap Tripiti
NEA KAMENI
(Volcanic Cone)
Karterados

Airport

PALEA KAMENIA

Messaria

Vothonas

Heiße Quellen

Exo Gonia

ASPRO

Athinios

Episkopi Gonias

Pirgos

Kamari

Megalochori

Kloster
Prophet Elias

Akrotiri

Thira
d. Antike

Kap Akrotiri

Akrotiri
(Ausgrabungen)

Emborio

Perissa

Red Beach

Perivolos Strand

Nach Kreta

Ag. Giorgios

Exomitis

Kap Exomitis

nach Anafi

Kretisches Meer

······· Route 12
······· Route 13
······· Route 14

„Platz" mit den drei Eukalyptusbäumen bekommt man bei **To Aktaion** einen phantastischen griechischen Kaffee.

Von hier aus haben Sie zur See hin einen unvergleichlichen Blick über Thirassía und nach rechts, hinter Imerovigli, auf den geriffelten Höcker Skaros, wo sich im Mittelalter die Hauptstadt der Insel befand. Wenn Sie weitergehen, werden hinter Skaros die Nordspitze Santorins und das Dorf Ia sichtbar. Bei der römisch-katholischen Marienkirche mit ihrer ockerfarbenen Fassade kann man auf einer der blauen Bänke eine Verschnaufpause einlegen. Zehn Minuten unterhalb Firostefanis sehen Sie hinter einer Wegbiegung Phira im Süden liegen, dahinter das Abbaugebiet von Pozzoulana-Erde und in der Ferne den Berg Profitis Ilias. Sie müssen sich rechts halten, immer an der Klippe entlang. Das große rosa Gebäude zu Ihrer Linken ist die Nomikos Foundation Congress Hall, wo in den ersten beiden Septemberwochen im Rahmen der Santorin Musikfestspiele klassische Konzerte dargeboten werden. Laufen Sie an der Flamme des Volcano Restaurants linkerhand und an der auf Meeresseite stehenden ocker, grau und braunrot gehaltenen Kirche St. Stylianos vorbei. Blicken Sie rechts hinunter, können Sie die Seilbahn und den winzigen Hafen Mesa Gialos (für Yachten und Kaikis) erkennen. Jetzt biegt der Pfad ins Landesinnere ab. Gehen Sie am Eingang zur Seilbahn vorbei bis zum **Archäologischen Museum**

Weniger PS ist mehr!

(tgl. 8.30-15 Uhr, Mo geschlossen). Es enthält viel Sehenswertes, darunter eine herrliche Sammlung von Vasen mit Reliefverzierung im attisch schwarzfigurigen Stil aus dem späten 6. Jh. v. Chr. Die Amphore aus dem späten 7. Jh. v. Chr., deren Relief eine Werkstatt der Kykladen und einen anmutigen langhalsigen Vogel darstellt, ist ebenso eindrucksvoll wie die gesichtslosen, aber eleganten Kuroi aus parischem Marmor. Halten Sie sich nach Verlassen des Museums rechts und folgen Sie bergaufwärts den Wegweisern zur katholischen Kathedrale. Biegen Sie links ab, wenn Sie sich die Johannes dem Täufer geweihte Kathedrale anschauen möchten. Rechts befindet sich das Katharinenkloster, in dem Nonnen unablässig um Frieden und Harmonie in der Welt beten. Gehen Sie nun links bergabwärts und betreten Sie durch eine Seitentür das **Megaron-Gyzi-Museum** (Mai bis Ende September, tgl. 10.30-13.30 und 17-20 Uhr; bis Ende Oktober 10-16 Uhr, an gesetzl. Feiertagen geschlossen), ein Herrenhaus aus dem 17. Jh., das beim Erdbe-

Hallo!

ben von 1956 verschont geblieben war. Das Museum im Besitz der katholischen Diözese zeigt eine interessante Sammlung von Stichen, Dokumenten, Gemälden und Drucken mit Landschaften von Santorin, Fotografien aus der Zeit vor dem Erdbeben und Inselkarten aus dem 16. bis 19. Jh. Verlassen Sie das Museum durch den Haupteingang und gehen Sie rechts durch die E.-E.-Savros-Straße auf **Phiras Innenstadt** zu. Nach ca. 100 m kommt eine kleine Linksbiegung mit Cava Renos an der Ecke, eine gute Adresse zum Kauf von Santorin-Wein. Schon vormerken sollten Sie sich das Restaurant Nikolaos in der Stavros Straße linkerhand. Fast unmittelbar anschließend folgen rechts die Kira Phira Jazzbar und, einige Türen weiter, das Every Day Café. Gönnen Sie sich dort ein Frühstück.

Falls Sie spät aufgebrochen sind und Mittagessen wollen, kehren Sie um zum Restaurant Nikolaos und bestellen Sie frischen Fisch und Moussaka oder gefüllte Tomaten. Wenn es noch früh ist, wollen Sie vielleicht die Zeit für einen Einkaufsbummel in Phira nutzen. Gehen Sie vom Every Day aus nach rechts die Savros-Straße hinunter. An der Ecke könnten Sie für später gleich etwas Obst mitnehmen. Biegen Sie dann rechts ab und laufen Sie bergan, auf die Klippen zu. Bei Roody's Fast Food müssen Sie nach rechts und bis zum nördlichen Ende der Ipapantis; dort gibt es ausländische Zeitungen. Oder aber Sie gehen nach links in die Einkaufszone.

Wenn Sie der Pipapantis in südlicher Richtung folgen, liegt rechts von Ihnen Greco Gold und links, an der Ecke, Gallery Zoi; dann kommen Harriet's Pinello und die Palia Fabrika Art Gallery links sowie das Geschäft Mati (siehe *Einkaufen*). Am äußersten Südende Phiras befinden sich die **griechisch-orthodoxe Kathedrale** und, leicht bergab gegenüber, die Restaurants Alexandria und Sphinx. Sie sind sehr empfehlenswert.

Wenn die Kathedrale offen ist, sollten Sie einen Blick hineinwerfen und darum bitten, daß man Ihnen die Fresken Christophoros Assimis' zeigt. Der Künstler stellt auch in Palia Fabrika aus. (Assimis hat außerdem

Der Strand von Kamari

Tägliche Informationsdosis

die Fresken im Innern der Kirche in Exo Gonia gemalt.) Spazieren Sie bei Mati bergab zu Phiras Mini-Einkaufszentrum, dem Fabrica Shopping Centre (hier gibt's noch mehr ausländische Zeitungen und auch ein OTE-Fernmeldeamt).

Für Ihren Strandbesuch haben Sie nun die Qual der Wahl: eine Fahrt mit dem öffentlichen Bus von Phira zum schwarzen Sandstrand **Kamari** an der Ostküste (im Juli und August allerdings ein Alptraum, wenn die Busse wie die Sardinenbüchsen vollgestopft sind mit Teenagern) oder aber ein Gang zu Budget Rent a Car (in der Nähe von More of Santorin Travel, auf der Hauptstraße Phira/Akrotiri), wo Sie ein sehr kleines Fahrzeug mieten sollten (für die engen Straßen Megalochoris brauchen Sie einen Suzuki). Ist das getan, können Sie zu den weniger bevölkerten Stränden **Perivolos, Aghios Giorgios** und **Vlihada** an der Südküste aufbrechen. Im September und Oktober sind diese Strände allesamt leer, und Sie haben das tiefe klare Meer für sich allein. Lassen Sie sich von den netten Leuten bei Budget den Weg nach Süden zeigen, und verlassen Sie Phira in Richtung Karterados und Messaria. Nach 100 m kommen Sie an Phiras Klinik und kurz darauf an der Tankstelle vorbei. Bleiben Sie auf der Hauptstraße mit den geweißelten Eukalyptusbäumen. Biegen Sie nach ca. 3 km an der Kreuzung links nach Kamari ab (die besten Strände liegen jedoch geradeaus). Folgen Sie der Ausschilderung nach Vothon/Pirgos/Athinion. Etwa 1 km weiter sehen Sie die blendend weißgekalkten *skafta* Kapellen auf der rechten Seite. Hier ist Santorins sich kilometerlang nach Süden erstreckendes Weinanbaugebiet. Der fruchtbare vulkanische Boden bringt köstlich schmeckende Früchte hervor. Rechts bieten sich großartige Blicke auf Phira, Ia und die Caldera; 3,5 km weiter folgt die Abzweigung nach Pirgos.

Durchqueren Sie Pirgos und folgen Sie den Schildern nach Perissa. Nach etwa 1,5 km fahren Sie links durch einen Pistazienhain nach **Megalochori** und machen Sie ruhig einen Umweg durch dieses malerische kleine Dorf. Sie brauchen nicht anzuhalten, fahren Sie einfach geradeaus weiter und zurück auf die Hauptstraße. (Im August sollten Sie diesen Umweg allerdings nicht versuchen; das Dorf ist dann sehr voll.) Fahren Sie an der Hauptstraße links und dann noch etwa 700 m. Merken Sie sich die Abzweigung nach Akrotiri und Red Beach (ca. 9 km außerhalb von Phira). Nach etwas weniger als 1 km gelangen Sie an die Abzweigung nach **Vlihada.** In der Saison ist dieser 3 km weiter westlich gelegene Strand ein beliebter Familienstrand mit vulkanischem schwarzem Sand. Sie können sich Vlihada anschauen, zurück auf die Hauptstraße und dann in südöstlicher Richtung zur Abzweigung nach Aghios Giorgios und Perivolos fahren. (An der Kreuzung von Vlihada/Périssa liegt das Dorf Pírgos geradeaus, Megalochori links, Emborio, hinter dem Hügel, rechts.) Nach 1,5 km geht es rechts nach Perivolos und **Aghios Giorgios**. Dann endet die asphaltierte Straße nach Aghios Giorgios. Ich schlage vor, kurz darauf links nach **Perivolos** abzubiegen. Im späten Frühling und Herbst ist die-

Octopus und Ouzo

ser tamariskengesäumte Strand mit seinem klaren Wasser und den einfachen Tavernen himmlisch. Der kleine Hügel links ist das antike Thera. Es gibt Busreisen mit Führungen dorthin, Buchungen in Phira. Die von Kamari aus zugängliche Stadt liegt unvergleichlich; ein Führer ist für das Verständnis dieser Anlage unentbehrlich.

Nach einem Nachmittag an den Stränden Perivolos oder Aghios Giorgios kehren Sie nach Phira zurück, um von Francos Bar aus den Sonnenuntergang zu betrachten. Sie könnten im **Sphinx**, **Alexandria** oder **Bella Thira** zu Abend essen und anschließend die laute Two Brothers Bar oder die raffinierte **Kira Phira Jazzbar** besuchen.

13. Akrotiri und Red Beach

Morgenausflug in eine viertausend Jahre alte Stadt; Mittagessen mit frischem Fisch und dann eine Bucht mit roten Kieselsteinen.

Für diese und die nächste Rundfahrt brauchen Sie ein Auto. Ich empfehle Budget Rent A Car, neben More of Santorin Travel in Phira/Imerovigli (Tel.: 02 86-2 29 00/2 28 87; Fax 02 86-2 28 87); die Leute dort sind nett und hilfsbereit und haben die besten Preise der Stadt. Budget bringt den Wagen zum Hotel, lassen Sie also Ihren Hotelier dort anrufen. Folgen Sie den Richtungsangaben der vorigen Tour bis zur Abzweigung Akrotiri/Red Beach, etwa 9 km südlich von Phira. Bie-

Antike Zeugen

gen Sie hier rechts ab und fahren Sie Richtung Südwestspitze der Insel. Kurz darauf gelangen Sie an eine Mühlenruine (rechts).

Folgen Sie den Schildern zur archäologischen Ausgrabungsstätte und fahren Sie durch das **moderne Akrotiri**. Aber langsam, denn diese Strecke ist gefährlich. Von der Abzweigung an der Hauptstraße sind es ca. 4 km bis zum **antiken Akrotiri** (tgl. 8.30-15 Uhr, Mo geschlossen; Eintritt gegen Gebühr, Studenten frei). Wenn Sie vorher schon einiges darüber gelesen haben, wird sich Ihnen diese Stätte leichter erschließen. (Das auch in Deutsch erhältliche Buch von Dr. Christos Doumas ist eine gute Basis). Ein Besuch im Archäologischen Museum Athen mit den in Akrotiri abgenommenen und dorthin übertragenen Wandgemälden vermittelt zusätzlich ein sehr anschauliches Bild der Einwohner dieser Stadt aus dem 2. Jahrtausend v. Chr. Zunächst sehen Sie die **Straße der Telchinen**, das ist der größte Teil der Straße, die bisher vom griechischen *ephor* dieser Ausgrabungsstätte, Dr. Christos Doumas, freigelegt worden ist. Die Wohngebäude sind zweistöckig. Hier fand man die Fresken der Antilopen und der boxenden Knaben. Der Platz der Mühle birgt einen zwei- oder dreigeschossigen Komplex mit einer Mühle und einer Keramikwerkstatt.

Noch mehr Antikes

Von einer Überführung hat man einen Panoramablick über Akrotiri; die Gesamtausdehnung der Stadt ist allerdings noch nicht völlig bekannt. Paläobiologen haben aus in situ gefundenen Samen recht genau die Kost und Agrarproduktion der Akrotirier rekonstruieren können. Der Dreiecksplatz, dessen wohlkonzipierte Wohnhäuser einst Gemälde – riesige Flottenverbände, Fischer oder Badende – schmückten, ist von den bisher ausgegrabenen der eindrucksvollste. Das Bad mit dem hoch entwickelten Abwassersystem reflektiert eine fortschrittliche, bourgeoise Kultur von Seefahrern (und Künstlern!).

Nach der Besichtigung biegen Sie links zum Strand ab. Dort gibt es zwei Tavernen, in denen mittags frischer Fisch serviert wird. Andernfalls können Sie entweder mit einem Kaiki in 10 Minuten nach **Red Beach** tuckern oder aber über den Gebirgskamm fahren, dort parken und dann zu dieser Bucht mit ihren ungewöhnlich roten Kieselsteinen hinunterlaufen. (Die unbefestigte Straße ist passierbar. Das Schild zum Red-Beach-Restaurant lassen Sie unbeachtet; fahren Sie geradeaus und parken Sie bei der kleinen Kapelle am Ufer.) Red Beach ist hübsch, im Frühling und Herbst menschenleer, und natürlich nimmt absolut jeder Besucher einige dieser geriffelten vulkanischen Kiesel mit nach Hause.

Fahrt am frühen Abend nach Ia; Sonnenuntergang in der Fanari Villas Bar; Abendessen im „1800" oder Rückkehr nach Phíra.

Von der Ortsausfahrt Phíra nach Ia sind es 10 km, also etwa 25 Minuten. Fragen Sie Ihren Hotelier, wann die Sonne untergeht, und planen Sie viel Zeit für die eigentliche Fahrt nach Ia ein. Dies ist eine der landschaftlich schönsten, aber kurvenreichsten Strecken der Ägäis; hupen Sie vor jeder unübersichtlichen Kurve und machen Sie diesen Ausflug nicht, wenn Sie vollgetankt haben (...santorinischen Wein!). Hinter Imerovigli bietet sich an mehreren Stellen ein Blick auf die Caldera. An der schmalsten Stelle sehen Sie das Meer auf beiden Seiten, und man überblickt eine beeindruckende vulkanische Landschaft (250-300 m hoch). Zu Ihrer Rechten breitet sich die lange flache Ebene von Ost-Santorin aus – vermutlich hat 1500 v. Chr. die ganze Insel so ausgesehen. 1,5 km hinter dem Ortsschild fahren Sie links zum Parkplatz/Busterminal hinauf, parken – nicht auf den reservierten Busplätzen – und spazieren in die Stadt, immer den Schildern zur Jugendherberge und zu den Karvounis-Türmen folgend. Gehen Sie links hoch zur **Marienkirche** mit der blauen Kuppel.

Ias blaue Kuppeln gehören mit Recht wohl zu den beliebtesten und bekanntesten Fotomotiven im gesamten Ägäischen Meer. Beachten Sie Ias typische Architektur: pastellfarbene und mit roten Kieseln besetzte Wände, die verstärkt sind durch Eisenstreben (Ia war bei dem verheerenden Erdbeben von 1956 dem Erdboden gleichgemacht worden). An der mit Marmor gepflasterten Hauptstrasse zur Caldera, der Nikolaus-Nomikos-Straße, biegen Sie bei den Karvounis-Türmen rechts ab und passieren die **Kreuzkirche** zur Linken, mit Sicherheit einer der meistfotografierten Plätze Griechenlands. In der Kunstgalerie gleich gegenüber

Ia

gibt es einige sehr gute realistische Landschaftsbilder. Zehn Meter weiter rechts liegt das **Restaurant 1800,** ein nettes Lokal zum Abendessen. An der Y-Kreuzung laufen Sie rechts zum Kyklos-Restaurant hinauf. Zu Ihrer Linken befindet sich das **Goulas-Viertel,** das bei dem Beben verwüstet worden war und an die Menschenverluste bei dieser Katastrophe erinnert. Folgen Sie weiter den Schildern zum Kyklos und fragen Sie nach dem Weg zu den Fanari-Villen unterhalb der Mühle. Auf der Terrasse dieser idyllischen *skaftá* mit ihrer gemütlichen Bar kann man phantastisch den Sonnenuntergang hinter Thirassia beobachten. Dann können Sie im „1800" zu Abend essen, sofern Sie dies nicht lieber in Phira tun.

15. Vulkanfahrt

Mit der Fähre zum noch immer rauchenden Vulkankegel in der Mitte der Caldera. Tragen Sie feste Schuhe und nehmen Sie eine Flasche Wasser mit.

Es gibt viele Fahrten mit kleinen Fähren oder Kaikis zur Caldera, zur Insel Thirassia und zum Vulkankrater wie auch Badefahrten nach Ammoudi und Armeni, die kleinen Häfen/Buchten unterhalb von Ia. Einige dieser Touren dauern zermürbende sechs Stunden, was bei der gewöhnlich großen Hitze nicht gerade angenehm ist.

Thirassia mit seinem Kiesstrand und den mittelmäßigen Tavernen hat nicht gerade viel zu bieten. Die Stadt ist interessant für jene, die gern wüßten, wie Santorin in den sechziger Jahren aussah, aber es gibt kaum ausländische Besucher, die beschließen, dort zu bleiben. Ich schlage vor, den kürzesten Ausflug zu unternehmen, der angeboten wird, nämlich eine zweistündige Nachmittagstour zum Krater; dann sehen Sie, ob die längeren Fahrten, bei der praktisch alle Ziele an der großen Caldera an-

Rauf und runter

gelaufen werden, für Sie überhaupt von Interesse sind. Der Krater selbst bietet alles an Dramatik, was man nur verlangen kann; es ist eine erregende, die Schuhsohlen erhitzende Angelegenheit. Kaufen Sie Fahrkarten bei **More of Santorini** oder **Damigos** in Phira und begeben Sie sich eine halbe Stunde vor Abfahrt zu **Phiras Seilbahn.** 1982 von dem aus Santorin stammenden Reeder Evangelos Nomikos gestiftet, transportiert diese vornehme Bahn österreichischer Provenienz 36 Passagiere auf einmal und hat im letzten Jahr etwa 400 000 Personen die Klippen hinauf- und herunterbefördert, in der Hochsaison also im Schnitt 1000 Personen in der Stunde. Sie hat zu einem großen Teil Phiras Maultiertreiber ersetzt, die von der Seilbahngesellschaft nun subventioniert

Santorin per pedes

werden. Dennoch, einige nehmen gern die zuverlässigen Maultiere, und andere ziehen es immer noch vor, die 680 Stufen zu erklimmen. Mit der schnellen Seilbahn dauert der Aufstieg weniger als 5 Minuten, zu Fuß sind es strapaziöse 45 Minuten. Um 15 Uhr fährt Ihre Fähre vom alten Hafen ab. Direkt über der Klippe hinter Ihnen schauen Firostefani und Phira über die Lavaschichten hinweg. Da dies der einzige Yachthafen der Insel ist, werden Sie im Hafenbecken zwischen Yachten, Inselfähren und Kreuzfahrtschiffen herummanövrieren. Während der Hafen hinter Ihnen zurückbleibt, haben Sie einen Blick von 360° auf den Kraterkessel.

Fünfzehn Minuten später erreichen Sie die kleine Insel, Stätte des kollabierten **Kraters**, der aussieht wie die Kulisse für einen Horrorfilm. Ihr Boot wird Sie in einem winzigen Hafen absetzen. Sie beginnen den Aufstieg zu dem versunkenen Krater in westlicher Richtung auf einem ziemlich ausgetretenen, teilweise sehr steilen Pfad. Der Weg hinauf dauert etwa 45 Minuten und ist sehr anstrengend. Widerstehen Sie oben am Kraterrand aber der Versuchung, Ihre Hand auf eines dieser dampfenden Löcher zu legen. So einfältig diese Warnung auch klingen mag, manche Leute scheinen ein solches Bravourstück einfach nicht lassen zu können. Denn was dort herausströmt, ist Schwefelwasserstoff, und der Effekt ist derselbe, als würden Sie Ihre Hand auf die Tülle eines kochenden Wasserkessels legen.

Wie faszinierend Sie den Krater auch finden mögen – das Boot pflegt fahrplanmäßig abzufahren, halten Sie sich also nicht zu lange auf. Die Rückkehr zum Hafen dauert etwa 15-20 Minuten.

Einkaufen

Auch wenn Kykladenbesucher mit Wonne in Naxos' und Paros' Agoras herumstöbern – ernsthafte Käufer begrenzen ihre Anstrengungen und Brieftaschen auf Chora (Mikonos) und Phira (Santorin).

Mikonos' Hauptstadt bietet die besten Einkaufsmöglichkeiten der ganzen Ägäis. Wer 24-Karat-Kreationen sucht, wird nirgends besser bedient als bei **Lalaounis,** Griechenlands „Botschafter des Goldes". Dieser Juwelier aus Delphi hat Geschäfte im ganzen Land, und die Filiale in Chora zeichnet sich durch eine breite Auswahl seiner aktuellen Arbeiten aus; Sie brauchen also nicht bis Athen zu warten...

Weiße Pracht

Theodorios Roussounellos in der Matoyianni-Straße ist ein einheimischer Juwelier mit Cartier- und Rolex-Konzessionen. Edelstein- und Goldkreationen sind seine Stärke. **Mikonos Gold 1** und **2,** im Besitz des aus Rhodos stammenden Ioannis Michaelides und Söhnen, hat sich auf Repliken griechischer Juwelierskunst, insbesondere Gold- und Zuchtperlenschmuck der letzten zwei Jahrhunderte, spezialisiert. Boutiquen gibt's en masse, etwas Besonderes aber ist Anna Gelous **White Shop,** der nur schneeweiße Pullover und weiße Heimtextilien wie Tischdecken und Stores verkauft. Suchen Sie ein schickes T-Shirt, gehen Sie zu **Masakis T-Shirts** in der Yiorgoulis-Straße. Der extravagante Athener Designer **Parthenis** unterhält am Alefkandras-Platz eine Zweigstelle. Suchen Sie vielleicht ein originelles Ölgemälde, ein Aquarell oder auch eine Collage? Dann besuchen Sie doch Luis Orozcos' Atelier, oder die Kunstgalerie Pandora, oder schauen Sie sich in David Johnstons Galerie nach einem seiner Aquarele um (s. *Tagestour 5*).

Santorins (Phira) beste Geschäfte sind fast alle auf der Seite der Caldera, in der Ipapantis-Straße. Von ihnen ist **Palia Fabrika** das beste. Hier haben Christophoros Assimis und seine Frau Eleni ihre Talente zusammengelegt und offerieren phantastische Landschaftsbilder, Schmuck und Keramik. Die **Zoi Galerie,** ebenfalls auf der

Ipapantis, bietet Skulpturen, Schmuck und die berühmte Hinterglasmalerei von Antonios von Santorin. In Phiras neuem **Fabrica Shopping Center** neben der Kathedrale gibt es winzige Boutiquen zuhauf. Hier sei besonders Mati genannt mit Dekorationsartikeln und kleinen Akten des Bildhauers Iorgos Kypris. Eine gute Wahl sind Pinellos T-Shirts: Harriet Koutsoyanopoulos' Designs sind handgemalt. Bei Greco Gold, ebenfalls an der Caldera, gibt es Kreationen des Athener Juweliers Minas, der mit Elsa Peretti zusammengearbeitet hatte (oder umgekehrt). Diese ultramodernen Modelle sind teuer und ungewöhnlich (so der Anhänger mit dem kopulierenden Paar).

Naxotische Köstlichkeiten wie Käse, Zitronenlikör (von den Blättern eines bestimmten Zitronenbaums), kleine Auberginen, Kirschen, kandierte Zitronen in Sirup sowie Honig von Naxos bekommt man in Chora bei **Popi's Grill** (direkt am Ufer; im Schaufenster dreht sich ein Lamm am Spieß). Bei **Takis Probonas** werden die gleichen Liköre und Süßigkeiten in einer etwas eleganteren Aufmachung angeboten. Auf der Apollonas Straße, in der Agora, befindet sich **The Loom,** das beste Antiquitäten- und Souvenirgeschäft mit Schattenspielpuppen, antiken silbernen Gürtelschnallen, Schafsglocken und handgewebter Kleidung guter Qualität. Falls Sie in Chora Repliken der im Museum ausgestellten Marmoridole suchen, gehen Sie zu **Nicolas** am Protodikeiou-Platz im Südteil, wo man auch Schachbretter und Ikonen aus Onyx und Marmor bekommt. In der **Papavassiliou,** Choras Hauptgeschäftsstraße, die in die zu den Dörfern im Norden führende Hauptstraße mündet, gibt es Schuhläden, Schmuckgeschäfte und Touristenbuden.

Auf Naxos und auch auf allen anderen Kykladeninseln sollten Sie nach Pierre Couteaus phantastischen schwarz-weiß- oder Farbpostkarten Ausschau halten. Für den Beginn eines Einkaufsbummels auf Paros ist **Heiropiimata,** auch als Paros Art Gallery bekannt, eine gute Adresse. Auf der Nikos-Katris-Straße in Parikias Agora gelegen, bietet dieses Geschäft u. a. Keramiken und Töpferwaren von M. und St. Ghikas, deren Atelier man auch gleich besichtigen kann.

Teapot, gleich gegenüber dem Restaurant Levanti in Parikia, verkauft Mittelmeergewürze und -kräuter. Bitten Sie Janet, Ihnen alles über das phantastisch duftende Grünzeug in dem von ihr und Stelios geführten Laden zu erzählen.

Keine Ladenschlußzeiten in Ia

Kulinarisches

Die Küche der Kykladeninseln ist eine Variation über ein Thema des griechischen Festlands, die arme Verwandte der opulenten Kost der dortigen Schafherden- und Obstplantagenbesitzer. Auf den steinigen, wasserarmen Inseln Mikonos, Paros und Santorin wird man die üppigen Pfirsiche Nordgriechenlands, die drallen Oliven Kalamatas und die fetten Lämmer Ionninas vergebens suchen. Naxos mit seinem fruchtbaren, gebirgigen Landesinnern ist die rühmliche Ausnahme und dient seinen karstigen Nachbarinseln gewissermaßen als Brotkorb. Aber selbst naxotische Tische können mit denen des Festlands nicht konkurrieren: Die Inselkost reflektiert auch das Inselleben – spartanisch, das Meer atmend. Zwar basiert die gesamte griechische Küche stark auf der „mediterranen Triade" (Getreide, Oliven (samt -öl), Wein); die Inselkost reicht sogar noch dichter an die von westlichen Kardiologen so warm empfohlene herzfreundliche Diät heran: Einen Großteil des täglichen Fettbedarfs liefert das Olivenöl; für die Proteine sorgen kleine Fische, ganz gegessen oder in eine leichte Fischsuppe gegeben; frisches Gemüse (Spinat, Zwiebeln, Knoblauch und Tomaten) sind Bestandteil praktisch jeder Mahlzeit; Vollkornbrot und Pasta stillen den Hunger, und großzügige Schlucke Wein begleiten, außer beim Frühstück, jede Mahlzeit. Was man Ihnen in den Dörfern serviert, ist nicht teuer, aber auch nicht einfach zuzubereiten. Es wird Ihnen jedoch guttun.

Gewiß, 30 Jahre Tourismus haben die kulinarische Tradition der Kykladen ebenso ausgehöhlt wie ihr soziales, kirchliches und wirtschaftliches Erbe. In Chora auf Mikonos, Phira und Ia auf Santorin und Parikia auf Paros – überall können Sie auch ein chinesisches, französisches oder italienisches Restaurant finden – oder gleich alle auf einmal, wie auf Mikonos. Und dennoch: An ihrer Eßkultur halten die Einheimischen hartnäckig fest, und was die ständig am Herd stehende Mama auf den Tisch bringt, ist im allgemeinen genau das, was ihre Kinder erwarten und was sie auch wiederum auf dem Tisch von Mamas Enkeln vorzufinden wünschen. Denn die Griechen wissen nun mal, was gut ist, wenn sie sich zu Tisch setzen – die mediterrane Triade ist ja schließlich schon seit den Zeiten von Homers „Ilias" und „Odyssee" bewährt!

Alles Natur

Wo man was ißt

In Griechenland zu essen ist nicht unkompliziert: seinen *métrio* (griechischen Kaffee; trinken Sie die Tasse nicht ganz aus) bestellt man im *kafeneíon*; Appetithäppchen *(mezéthes)* und *oúzo,* Bier oder *retsína* gibt's im *mezethopoleíon;* einfache Kost ißt man in einer *tavérna,* dem griechischen Äquivalent zum Bistro, für etwas Feineres begibt man sich in ein *estiatórion,* ein europäisiertes Restaurant, und seine *báklava* schließlich, ein Blätterteiggebäck mit Nüssen, genießt man im *zacharoplasteíon,* der Konditorei. Doch neben diesen traditionellen Eßlokalen in größeren Städten – Chora auf Mikonos und Phira und Ia auf Santorin – existieren heute auch *fastfoodáthika* mit schaurigen Käsetoasts und dubiosem Speiseeis. Diese auf Touristenfang bedachten Spelunken gilt es zu meiden! In den Kykladen-Städtchen stoßen Sie nach etwa jedem dritten Häuserblock auf eine Bäckerei, wo die Griechen ihr Frühstück und ihre Snacks kaufen

Essen mit Aussicht

„Kafeneíon"

und sie meist stehend verzehren. Versuchen Sie *karidópittes* (Walnußbrötchen) oder mit Traubenmost gewürzte Biskuits, *moustoukouloúra,* oder *tirópitta,* Käsekuchen, *spanakópitta,* Spinatkuchen und *milópitta,* den guten alten Apfelkuchen auf griechisch.

Die nachstehenden Preise gelten pro Person und Mahlzeit und schließen, wenn angemessen, eine Flasche Wein mittlerer Preislage mit ein.

Preiswert = unter 4400 Drachmen
mittel = um 4400 Drachmen
teuer = 4400-11 000 Drachmen.

Mikonos

EFTHIMIOS EFTHIMIOUS PATISSERIE
Fl.-Zouganeli-Str., Chora
Seit mehr als 30 Jahren serviert Efthimiou schon Mikonos' berühmte „Körbchen" *(kalathákia)* und Makronen in seinem blitzsauberen Geschäft – und seit 15 Jahren auch genau an dieser Stelle. (Nur zum Mitnehmen.) *Preiswert.*

L'ANGOLO BAR
Lakka-Viertel, Chora
Dieses italienische Café ist genau richtig für einen Espresso, Cappuccino oder ein schnelles Frühstück. Lunch-

pakete für Delos oder den Strand gibt's auch. *Preiswert.*

NIKOLAS TAVERNA
Aghia Anna, Strand
(hinter Plati Gialos)
Sehr beliebt bei Einheimischen: eine authentische Taverne an einem hübschen kleinen Strand. *Mittel.*

ANCHOR BAR
Matoyianni-Straße, Chora (nahe der Kirche Aghia Kyriaki)
Ab 10 Uhr gepflegtes europäisches Frühstück oder Brunch; später Snacks und eine volle Bar. *Preiswert.*

ANTONINIS RESTAURANT
Am Taxistand, Chora.
Tel.: 02 89-2 23 19
Lassen Sie sich von Besitzer Thanasis Aleopoulos oder Vassilis Andonis authentische Spezialitäten empfehlen. Oder versuchen Sie Schnitzel, Huhn, Shrimps, Lammsouvlaki, Lamm-Casserole oder Kalbs-Casserole *(stamnas)*, alles ist superb. Seit 1959 Mikonos' bestes Restaurant und mein persönlicher Favorit. Hochsaison 12-16, 18-1 Uhr. *Preiswert bis mittel.*

SESAME KITCHEN
Drei-Brunnen-Viertel, Chora
Tel.: 02 89-2 47 10
Hazel Fouski ist Engländerin und ihr charmantes Bistro ein Paradies für Vegetarier, obgleich auch Fleisch auf dem Menü steht. Meine kleine Lieblingsbar, wo man phantastisch griechische Flaschenweine verkosten kann. Hochsaison 19-1 Uhr. *Mittel.*

KATRINS
Aghios-Yerasimos-Viertel, Chora
Tel.: 02 89-2 21 69
Seit 21 Jahren zeichnet sich „Bobbys" durch seine teure französische Küche mit leichtem Mikonos-Einschlag aus. Bestellen Sie Meeresfrüchte als Vorspeise und lassen Sie das Mahl mit einer mousse au chocolat ausklingen. Herr Giziotis ist auch Eigentümer der Coco Bar am Strand Super Paradise. Hochsaison 19-4 Uhr. Reservierung erforderlich. *Mittel bis teuer.*

MATTHEW TAVERNA
Tourlos (auf der Straße nach Aghios Stefanos) Tel.: 02 89-2 23 44, 2 49 84
Eine blitzende Taverne, persönlicher Service auf kühler Terrasse. Versuchen Sie Bekri Meze, ein Boeuf Bourguignon auf Griechisch oder in Weinblätter gehülltes Lamm. Hochsaison 12-1 Uhr. *Preiswert bis mittel.*

OSTERIA DEL PESCE DA LU
Fischerdorf Kalafatis
Tel.: 02 89-7 14 97
Bruno spricht weder Englisch noch Griechisch, und seine italienischen Meeresfrüchte sind genauso authentisch. Das Restaurant ist eine halbe Stunde von Chora entfernt; man kann den Be-

Katrins

Gaumenfreuden auf Santorin

such mit einem Tag am Strand verbinden. Reservierung erforderlich. *Teuer.*

El Greco
Drei-Brunnen-Viertel, Chora
Tel.: 02 89-2 20 74
Probieren Sie die Vorspeise mit sieben bis acht griechischen Delikatessen und dann *sofríto,* einen Eintopf mit Rindfleisch. Die Ente in Orangensauce ist auch sehr verführerisch. Hochsaison 12-1 Uhr. *Mittel bis teuer.*

Naxos
Meltemi Restaurant
Am äußersten Südende von Choras Uferpromenade, direkt am Meer.
Tel.: 02 85- 2 26 54
Sehr authentische, griechische Küche seit 50 Jahren. Ostern bis Ende Oktober, durchgehend bis Mitternacht. *Preiswert bis mittel.*

Oniro Restaurant
Roof Garden/Bar
In Chora; vom Pradounas-Platz bergab, gleich neben dem Kastro-Viertel.

Ein Traum, also *óniro,* ist der Blick vom Dachgarten. Hellenistische/internationale Küche. Bestellen Sie *kaloyeros,* Auberginen mit Kalb, oder *baxes,* für Vegetarier eine Freude. Ostern bis Ende Oktober. *Mittel bis teuer.*

To Kastro Taverna
Auf dem Pradounas-Platz
Tel.: 02 85-2 30 78
Ein wunderbares Kaninchenragout oder *stifádo* und *exohikó,* eine Art Strudel – mit Lamm, Käse und Gemüse gefüllte Blätter! Ostern bis Ende Oktober. *Mittel bis teuer.*

Sie sollten mal in der Konditorei/Café **Rendez-Vous** an der Uferpromenade frühstücken oder, wenn Sie auf die Fähre warten, im **Potikian,** gegenüber dem Busterminal, nahe der Touristeninformation. Nach Einbruch der Dunkelheit gehen Sie zum kleinen Nikiforos-Mandilaras-Platz (er heißt auch Villandoni-Platz) in der Nähe von Takis Probonas Spirituosengeschäft. Am späten Abend kann man hier Gitarristen bei der Begleitung nicht mehr ganz junger Naxoten hören mit Liedern von Naxos oder Festland-Balladen aus dem frühen 20. Jh. Wer's gern lauter hat, kann 3 km nördlich nach Platanos/Bouzouki zum Greek Dancing fahren. In Chora sind die Ufer-Bars wie die im zweiten Stock gelegene **Greek Bar,** auf halbem Weg an der Uferpromenade, und **Veggera** am südlichen Ende des Hafens empfehlenswert.

Paros

TAMARISKO GARDEN RESTAURANT
Neos-Dromos-Straße, Parikia
Tel.: 02 84-2 21 70
Am Marktplatz der Agora. Bestellen
Sie Schweineragout Tamarisko, Pilze
in Sauce und die traumhafte mousse
au chocolat. März bis Ende Oktober
ab 19 Uhr. Mo geschlossen. *Mittel.*

CAFE NOSTROS CRÊPERIE
Nahe der National Bank, Parikia
Tel.: 02 84-2 21 05
Frau Panagaki, die Eigentümerin, ist
ein wahrer Schatz. Versuchen Sie doch
ihre hausgemachten Apfeltörtchen und
Crêpes. Kommen Sie zum Frühstück,
zu Snacks, einem ordentlichen Kaffee
und frisch gepreßten Obstsäften. Das
ganze Jahr täglich geöffnet. *Preiswert.*

OUZERIE/PSAROTAVERNA BOUDARAKI
Hafenstraße, Parikia
Tel.: 02 84-2 22 97
Unmittelbar vor dem Pandrossos Ho-
tel. Eine typische griechische Ouzerie

Am Hafen in Paros

für Drinks und griechische Appe-
tithappen wie gegrillten *octopus* und
frische Seeigel. Von Ostern bis Anfang Oktober. *Preiswert.*

THE LEVANTI
Agora, Parikia. Tel. 02 84-2 36 13
Neben dem vietnamesischen Restau-
rant May-Tey. Bestellen Sie libanesi-
sche Vorspeisen wie *falafel* und *ta-
bouli* oder einen der diversen Salate.
Das ganze Jahr geöffnet; Garten im
Sommer und Herbst. *Teuer.*

O CHRISTOS
*Gegenüber der Kirche Panagía Pan-
tanassa, Náoussa. Tel.: 02 84-5 14 42*
Sehr elegant, sehr fein. Halten Sie
sich an Meeresfrüchte, die Spezialität
des Hauses und seien Sie darauf gefaßt, mehr als üblich zu zahlen. *Teuer.*

PERIVOLARIA RESTAURANT
*In der Nähe von Náoussas Polizeire-
vier, gegenüber Artio Travel.*
Tel.: 02 84-5 15 98
Schnecken, Schnitzel, Shrimps – Sie
haben die Wahl. Alles ist gut. Deli-
kate internationale Küche mit einer
kurzen Sommersaison. *Für griechische
Verhältnisse teuer.*

Santorin

ALEXANDRIA
*Unter dem Hotel Atlantis auf der
Caldera, Phira. Tel.: 02 86-2 25 10*
Man blickt auf die Caldera; Küchen-
chef Ch. Karmolenchos ist direkt zu
den Wurzeln griechischer Kost zurückgekehrt. Er geht dabei sogar so-
weit, „antike griechische" Spezialitäten zu servieren, bei denen Süßes mit
Herzhaftem gemischt ist. Ostern bis
Mitte Oktober. *Mittel bis teuer.*

SPHINX RESTAURANT
*In der Nähe des Hotels Atlantis, auf den
Klippen, Phira. Tel.: 02 86-2 38 23*
Von der Terrasse aus blickt man auf

Bei Eleni

BELLA THIRA
Auf der Hauptstraße Phira/Ia,
unmittelbar nördlich der Stadt.
Tel.: 02 86-2 39 81
Pasta oder Pizza – alles ist gut und
vernünftig in diesem makellosen Restaurant in Flamingorosa. *Preiswert*
bis mittel.

BEI ELENI KOUFOUROU
In Imerovigli auf der Straße Phira/Ia
Dieser Einfrau-Betrieb ist bereits ein
Vierteljahrhundert alt. Versuchen Sie
Elenis „falsche Fleischbälle" (fritierte
Zwiebel-Tomatenkroketten) oder Kaninchenragout, ganz zu schweigen
von Santorins berühmten Kirschto-
maten und *fáva* (pürierte Kichererb-
sen). Das ganze Jahr geöffnet. *Preis-*
wert bis mittel.

den Vulkan. Das solide Restaurant,
früher in Kamari, serviert frische,
hausgemachte Pasta und eine große
Auswahl an Vorspeisen, Fondues und
Desserts. Versuchen Sie Spaghetti mit
Hummer. Das ganze Jahr mittags und
abends geöffnet. *Mittel bis teuer.*

RESTAURANT NIKOLAOS
Auf der Stavros-Straße, parallel zur
Caldera-Straße, nahe der Kira Phira
Jazzbar in Phira. Tel.: 02 86-2 36 07
Nur traditionelle griechische Gerichte
und frischer Fisch, unprätentiös zube-
reitet, zu vernünftigen Preisen. Rote
und weiße Weine vom Faß. Seit nun-
mehr 35 Jahren. Das ganze Jahr mittags und abends geöffnet. *Mittel.*

EVERY DAY CAFE
Wenige Türen südlich der Kira Phira
Jazzbar in Phira.
Versuchen Sie zu Ihrem Lavazza-Kaf-
fee noch die schokoladeüberzogenen
báklava. 20. März bis Ende Oktober
täglich geöffnet. *Preiswert.*

Möchte man einen Gutenachttrunk zu
sich nehmen, ist die sehr beliebte KIRA
PHIRA JAZZBAR, in einem Tonnengewölbe neben dem EVERY DAY CAFE in
der Innenstadt, unschlagbar. Dimitris
Tsavdarides mixt eine hervorragende
Sangría. FRANCO'S BAR auf der Caldera in Phira wurde von der Newsweek
International als eine der weltbesten
gekürt. Die üppigen Drinks sind wahre Kunstwerke; wie ein Gemälde wirkt
auch die Aussicht. Die TWO BRO-
THERS BAR, ebenfalls in Phira, ist der
Treff für kaltes Bier und heiße Rock-
gruppen.

Die Kira Phira Jazzbar

FEIERTAGE & EREIGNISSE

Das griechische Jahr ist unterteilt durch alte heidnische Feste sowie christlich-orthodoxe und volkstümlich-historische Feiertage. Am 21. Mai beispielsweise wird in dem thrakischen Dorf Kosti das Fest der Heiligen Konstantin und Helena damit begangen, daß die Gläubigen barfuß über glühende Kohlen laufen.

In Chora auf Mikonos dagegen geben Ihre Hoteliers Costas und Eleni vielleicht eine Runde aus, doch am Strand von Mikonos werden Sie niemanden über heiße Kohlen flitzen sehen. Die Kykladenbewohner sind ihren heidnischen, byzantinischen oder freiheitskämpferischen Wurzeln treugeblieben, und diese Einflüsse sind in ihrer ganzen unverfälschten Pracht in den Bergdörfern, in den Dorfkapellen und, außerhalb der Saison, sogar in den Touristenorten zu sehen, deren Läden im Winter mit Brettern vernagelt werden. Dann hat sich die Hektik der Tourismusindustrie gelegt, und der griechische Charakter kommt zum Vorschein. Während Ihres Aufenthaltes sollten Sie sich auch unbedingt die komplizierten, aber faszinierenden Feierlichkeiten zu den Heiligentagen (*Paneyíria*) erklären lassen.

JANUAR / MÄRZ

Der dreiwöchige Karneval (*Apokriés*), eine fröhlich-lärmende Zeit, wird von kostümierten Einheimischen und Ausländern in ganz Griechenland gefeiert. Ihr Hotelier oder die örtliche Touristenpolizei können zu den Festivitäten jeweils die entsprechenden Hinweise geben. Der „saubere Montag", letzter Karnevalstag vor Beginn der siebenwöchigen Fastenzeit, wird auf den Kykladen ganz besonders ausgelassen gefeiert. Da wagen sich tapfere Zeitgenossen zum ersten Frühlingsbad ins Meer, und man sitzt in den Ufertavernen und läßt sich von der Frühlingssonne bescheinen. Am 25. März, dem Unabhängigkeitstag, werden zum Gedenken an den Beginn des großen Freiheitskrieges 1821 Paraden abgehalten.

APRIL / JUNI

Ostern ist ein zeitlich nicht festliegendes Fest, aber es fällt fast jedes Jahr in den April. Obgleich es besonders ergreifend ist, das mehrtägige Osterfest in einem ursprünglichen, kleinen Dorf zu begehen, haben ausländische

Besucher bei einem relativ kurzen Aufenthalt mehr davon, wenn sie der Mitternachtsmesse in den großen Hauptkirchen von Chora auf Mikonos, Phira oder Firostefani auf Santorin, Parikia auf Paros und Chora auf Naxos beiwohnen. In den „Kathedralen" der Hauptstädte helfen englisch oder deutsch sprechende Einheimische den Fremden u. U., den Ablauf zu verstehen, und laden Sie vielleicht sogar in den Morgenstunden zur traditionellen Osterspeise – Kuttelsuppe, geröstetes Lamm mit Kartoffeln, Osterbrot und rote Eier – zu sich nach Hause ein. *Kaló Pascha* ist der Gruß zu Ostern. (*Christos Anesti,* Christ ist erstanden, heißt es in der Mitternachtsmesse, unmittelbar nachdem die Kerzen angezündet sind, nie davor.)

Der Tag der Arbeit (1. Mai) fällt mit dem griechischen Frühlingsfest zusammen. Dann schwärmen die Einheimischen über die Inseln aus, winden Maikränze, essen draußen zu Mittag, gehen spazieren und lassen es sich später noch in einer Taverne am Meer zum Abendessen gutgehen.

JULI / SEPTEMBER

An Mariä Entschlafung (15. August) machen Pilger sich auf den Weg zur Kirche Panagia Evangelistria auf der Insel Tinos, obgleich auch die anderen Kykladenkirchen dieses Fest sehr feierlich begehen. Nach dem Gottesdienst wird auf den Dorfplätzen oft *bouzoúki* gespielt, dann feiern und tanzen alle bis in den frühen Morgen, denn sämtliche Kykladen-Marias, Namensschwestern der Jungfrau, bewirten nun ihre Familie, ihre Freunde und häufig auch ihre neuen ausländischen Bekannten.

OKTOBER / DEZEMBER

„Ochi"-Tag (28. Oktober) gedenkt in allen größeren Städten und Dörfern mit Militär- und Schulparaden des griechischen Widerstandes (als 1940 Benito Mussolini „Ochi"/„Nein", geantwortet wurde). Außerdem stehen Vorträge, griechische Tänze, Feuerwerk und Feiern auf dem Programm.

In der Ostermesse

ANREISE

Mit dem Flugzeug

Auf den Kykladen verfügen Mikonos, Santorin, Paros und seit kurzem auch Siros über einen Flughafen. Olympic Airways setzt im Sommer zusätzliche Maschinen ein, sofern ihre nicht ganz neue Flotte von „Inselhüpfern" das zuläßt. Zu Ostern und in der Hochsaison von Mai bis September ist es unerläßlich, Flüge im voraus zu reservieren und die Rückflugbestätigung nicht zu vergessen. Durch den *meltemi,* einen starken Wind, geraten die Sommerflugpläne nicht selten durcheinander, und Passagiere, deren Flug ausgefallen ist, werden nicht automatisch auf die nächsten Maschinen umgebucht.

Flüge zwischen den einzelnen Inseln, wie z. B. Santorin/Mikonos, sind in den Flugplänen der Olympic nicht immer alle aufgeführt, erkundigen Sie sich also, vielleicht werden Sie ja angenehm überrascht. Die Büros der Olympic Airways:
Deutschland
Österreich
Schweiz
Niederlande

Mit dem Schiff

Schiffe aller Art – vom plüschigen Luxusliner bis zur Fußgängerfähre – drängen sich am Pier von Piräus, dem geschäftigsten Hafen des ganzen Mittelmeers und meistfrequentierter Einschiffungshafen für die Kykladen. Der Sommerfahrplan der Fährverbindungen ist ungeheuer kompliziert, außerdem wird er wöchentlich aktualisiert und vom Büro der National Tourist Organisations am Syntagma-Platz, Karageorgi-Servias-Str. 2, fotokopiert und verteilt. Zu den Kykladen gibt es im Sommer tagtäglich unzählige Verbindungen der verschiedensten Schiffahrtslinien, und am Bestimmungsort warten auch noch zusätzliche, einander überlappende und miteinander verbundene Fahrpläne. Dieser ägäische „Sommersalat" wird zusätzlich durch Tragflächenboote (die Fliegenden Delphine genannt) und Katamarane verkompliziert.

Den neuesten Stand der Verbindungen können Sie jeweils über das Hafenamt in Piräus (Tel.: 4 51-13 11; für Zea Marina und das Tragflächenboot Tel.: 4 52-71 07) erfahren, sofern Sie nicht lieber persönlich bei einer der kleinen Reiseagenturen vorsprechen (besonders in der vom Syntagma-Platz abgehenden Nikis-Straße.) Generell sollte man sich bereits zeitig, d. h. mindestens eine Stunde vor Abfahrt der Fähre am Pier einfinden. Fahrkarten können Sie direkt am Pier oder auch schon während der Fahrt an Bord beim Purser kaufen.

Mit der Fähre nach Santorin

Clevere Fahrgäste packen sich noch ein Lunchpaket mit frischem Obst, Mineralwasser und weiteren Lebensmitteln für die oft den ganzen Tag dauernde Überfahrt ein. Toilettenpapier, Lesematerial sowie Spielkarten sind auch keine schlechte Idee. Deckpassagiere sollten auch an einen Anorak, Sonnencreme mit hohem Lichtschutzfaktor und an eine Matte zum Schlafen denken. Wie die Flugverbindungen werden auch die Fahrpläne der Fähren oft durch den launischen *meltemi* durcheinandergebracht; seien Sie also darauf gefaßt, bei schlechtem Wetter im wahrsten Sinn des Wortes auf dem Trockenen zu bleiben. Daß es zu Unterbrechungen der Verkehrsverbindungen kommen kann, daran haben sich Ägäis-Reisende schon zu Odysseus' Zeiten gewöhnen müssen.

Statt PKW

PRAKTISCHE HINWEISE

Die beste Reisezeit

ist im April oder im September. Im April sind die Kykladen mit einem Teppich aus Wildblumen bedeckt. Die Strände sind leer, die Luft ist rein, wenn auch noch kühl, und die Stimmung der Insulaner noch nicht durch die im Sommer anrückenden Touristenmassen getrübt. Ostern, nach dem griechisch-orthodoxen Kalender, ist eine hervorragende Zeit für einen Besuch, und niemand sollte es sich entgehen lassen, dieses höchste kirchliche Fest der Griechen wenigstens einmal im Leben mitzufeiern. Von September bis Oktober ist es tagsüber noch sehr heiß, nachts kühlt es aber schon angenehm ab; es gibt nach wie vor jede Menge Fährverbindungen. Von November bis April, wenn die Stürme die Fahrpläne durcheinanderwirbeln, können Reisende auf Gedeih und Verderb Wind und See ausgeliefert sein.

Reisepapiere

Besucher aus der EG benötigen, wenn sie weniger als vier Monate bleiben, zur Einreise nur einen gültigen Personalausweis oder Reisepaß.

Zoll

Reisende mit Stereoanlagen und Filmkameras müssen diese unter Umständen in ihren Paß eintragen lassen, damit soll der Verkauf dieser unverzollten Luxusartikel an Griechen unterbunden werden. Die Ausfuhr auch kleinster antiker Gegenstände ist streng verboten. Griechische Währung darf nur bis zu 10000 Drachmen ausgeführt werden.

Klima

Für die Zeit von Ende März bis Ende Mai läßt sich keine Voraussage machen. Im Mai klettern die Temperaturen auf Mitte 20 ° C; von Juni bis September auf ca. 30 ° C. Die Hitze wird lediglich durch den starken, jedoch sporadisch wehenden Wind gemildert. Die Nächte können sehr kalt sein, selbst im Hochsommer. Der Winterregen setzt u. U. schon im Oktober ein, das Meer ist dann allerdings immer noch warm und zum Schwimmen eine Wonne.

KLIMA IN MÍKONOS	MAI	JUNI	JULI	AUG	SEPT	OKT
MITTAGSTEMPERATUR	25	30	33	33	29	23
TGL. SONNENSTUNDEN	9	11	12	11	9	7
WASSERTEMPERATUR	18	22	24	24	23	21

Kleidung und sonstige Ausrüstung

Sommerbesucher brauchen leichte Kleidung am besten aus Naturfaser, Laufschuhe für Kopfsteinpflaster, Seeigel-resistente Badeschuhe, Sonnencreme mit hohem Lichtschutzfaktor, Strandtuch, Sonnenbrille und Sonnenhut; ferner angemessene Bekleidung für den Besuch von Kirchen; Bikinis für den Strand und das entsprechende Outfit für die heißesten Nachtclubs Europas. Frühjahrs- und Winterbesucher müssen sich gegen stürmische, naßkalte Tage draußen und feuchte, eisige Nächte drinnen wappnen. Denken Sie auch an regelmäßig benötigte Medikamente. Ich persönlich habe auch einen Kompaß, eine Trillerpfeife und, für mondlose Nächte, eine kleine Taschenlampe dabei.

Elektrizität

220 Volt Wechselstrom; es passen zweipolige Stecker; für Schukostecker brauchen Sie einen Adapter.

Zeitunterschied

Die griechische Zeit ist der Mitteleuropäischen Zeit (MEZ) um eine Stunde voraus. Auch in Griechenland wird die Uhr zur bestmöglichen Nutzung des Tageslichts im Sommer um eine Stunde vorgestellt.

KLEINE LANDESKUNDE

Geographie & Demographie

Die dreißig und mehr Kykladeninseln und -inselchen – 17 davon offiziell unbewohnt – liegen in der Mitte des Ägäischen Meeres, das im Norden von Makedonien und Thrakien, im Süden von Kreta, im Osten von der Türkei und im Westen vom griechischen Festland begrenzt wird. Mikonos liegt 151 km südöstlich von Piräus; Naxos 166 km; Paros 153 km; Santorin (Thera) 209 km.

Religion

Die Ostkirchen, zu denen auch die griechisch-orthodoxe Kirche gehört, sind ein sich autonom verwaltender, die albanische, griechische, russische, serbische, syrische und weitere Gruppen umfassender Zweig der Christenheit. Die griechische Orthodoxie ist in Griechenland Staatsreligion, nach einem Gesetz aus dem Jahre 1977 teilen Kirche und Staat sich in die Verantwortung auf den Gebieten der Religion, Eheschließung und Erziehung der Kinder. Oberhaupt der griechisch-orthodoxen Kirche ist Patriarch Bartholomeos, der seine Amtsgeschäfte vom Hauptquartier des Ökumenischen Patriarchats in Istanbul aus führt.

Korrektes Verhalten im Gastland

Urlaub ist mit der Vorstellung von Freiheit assoziiert, und nirgends scheint Urlaub freier zu sein als in der Hochsaison auf den Kykladen. Dies vorausgeschickt, seien hier dennoch einige Anmerkungen gemacht: FKK an den Nacktbadestränden hört da auf, wo der Sand an die Taverne grenzt: Bitte legen Sie Ihr Bikinioberteil an, bevor der Kellner Sie darum bittet. Einige Strände, und es ist nicht zu übersehen, welche, sind griechische „Familienstrände": Bitte respektieren Sie das Schamgefühl der Einheimischen. Tragen Sie in den Kirchen Kleidung, die Ihren Respekt für die Einheimischen ausdrückt. Diese ertragen von ihren Gästen zwar eine ganze Menge, ihre Kirchen und oft auch ihre Häuser sind aber Bastionen eines aus dem 19. Jh. stammenden Moralkodexes. Im allgemeinen sind einige klar

definierte Gebiete der größeren Inseln dem Nudismus, Alkohol und Lärm vorbehalten, während Regionen, die abseits der Touristenpfade liegen, eine konservative Lebensweise haben. Was am Strand Paradise akzeptiert ist, wird es in einem Bergdorf auf Naxos mit Sicherheit nicht sein.

GELD UND GELDWECHSEL

Banken & Währung

Mikonos: Agricultural Bank, Commercial Bank, Credit Bank, Ionian Bank, National Bank (Mo-Do 8-14 Uhr; Fr 8-13.30 Uhr; diese Zeiten gelten für alle Inseln).

Naxos: Agricultural Bank, Commercial Bank, National Bank (alle in Chora).

Paros: Agricultural Bank, Commercial Bank, National Bank (alle in Parikía).

Santorin (Thera): Agricultural Bank, Commercial Bank, Credit Bank, National Bank (in Phira; Wechselstuben in Firostefani und Ia).

Die griechische Währung ist die Drachme; im Umlauf sind Münzen zu 1, 2, 5, 10, 50 und 100 Drachmen und Scheine zu 50 (blau), 100 (rosa), 500 (grün), 1000 (braun) und 5000 (grünliches Blau, nicht mit dem 500-Drachmen-Schein zu verwechseln). Den aktuellen Wechselkurs können Sie Ihrer Tageszeitung entnehmen. Im allgemeinen ist der Kurs auf den Kykladen günstiger als zu Hause oder am Athener Flughafen. Travellerschecks lösen alle griechischen Banken ein; die Zweigstellen der griechischen Nationalbank berechnen allerdings eine geringe Kommission. Ausländische Währung kann unbegrenzt eingeführt werden; sollten Sie größere Beträge wieder ausführen wollen, ist es besser, sich die Bargeldbestände bei der Einreise bescheinigen zu lassen.

Kreditkarten

werden in den größeren Städten von Banken, Hotels, Geschäften und Reisebüros, nicht jedoch von Tavernen akzeptiert. In vielen Geschäften werden die Preise spektakulär purzeln, wenn Sie anbieten, bar und nicht mit Plastikgeld zu bezahlen.

Trinkgeld

In Luxusrestaurants gilt der internationale Standard von 15 bis 20 Prozent Bedienungsgeld, sofern es nicht schon auf die Rechnung aufgeschlagen wird. In Tavernen bleibt die Höhe des Trinkgelds ganz Ihnen überlassen, bedenken Sie aber, daß der *mikros,* also der Sie bedienende „kleine Bruder", keinen Lohn bekommt und vom Trinkgeld abhängt, um sich das ganze Jahr über die Runden zu bringen.

Warten auf Bares

VERKEHRSMITTEL

Taxis

Mikonos: Der größte Taxistand ist auf dem Mando-Mavrogennous-Platz in Chora. Der Fahrpreis ist auf den Kykladen einheitlich und angeschlagen, sofern die Wagen nicht ohnehin eine Taxiuhr haben.

Naxos: Der größte Taxistand liegt am Protopapadaki-Platz, am Fuße der nördlichen Anlegestelle.

Paros: Der größte Taxistand befindet sich direkt am Ethnikis-Antistasis-Platz am Hafen von Parikia.

Santorin (Thera): In Phira finden Sie einen Taxistand gleich vor der Agricultural Bank an der Hauptstraße.

Busse

Mikonos & Delos: Auf Delos sind überhaupt keine Fahrzeuge zugelassen. Chora auf Mikonos hat zwei Busterminals: einen an der Kreuzung nördlich vom Leto Hotel zu folgenden Ortschaften: San Stefanos, Tourlos, Ano Mera, Kalafatis, Kalo Livadi und Elia, und einen weiteren nahe der Kreuzung Ornos/Plati Gialos. Er fährt

Kioske decken jeden Bedarf

Ornos, Megali Ammos, Plati Gialos (wo die Kaikis nach Paradise, Paranga, Super Paradise & Elia abfahren) und Psarrou an.

Naxos: Der Busterminal für die Strände der Südküste, die Bergdörfer und Apollonas im Norden befindet sich in Chora auf dem Protopapadakis-Platz nahe der Portara. Die Buslinien von Naxos verbinden Apollonas, Komiaki, Apeiranthos, Filoti, Chalki, Pirgaki, Tripodes, Melanes, Aghia Anna, Mikri Vigla, Moutsouna, Ag. Prokopios, Maranga, Danakos, Keramoti, Potami und Engares.

Paros & Antiparos: Parikias Busterminal ist am Hafen in der Nähe der kleinen Kirche St. Nikolaus. Es gibt fünf Busstrecken: **1** = Marathi-Costos-Lefkes-Prodomos-Marpissa-Pisso Livadi-Logaras-Chrissi-Akti-Drios. **2** = Naussa. **3** = Paras Poros-Ag. Irini-Petaludes-Flughafen-Aliki-Ageria. **4** = Paras Poros-Ag. Irini-Punta (Antiparos). **5** = Naoussa-Prodomos-Marpissa-Pisso Livadi-Logaras-Chrissi Akti-Drios. Der Fahrplan ist an einem Kiosk angeschlagen.

Santorin (Thera): Santorins Busterminal liegt in der Nähe des neuen Museums an Phiras Hauptstraße. Es gibt 8 Busstrecken: **1** = Phira-Périssa. **2** = Phira-Kamari. **3** = Phira-Ia. **4** = Phira-Kamari. **5** = Phira-Monolithos-Flughafen. **6** = Phira-Exo Gonia. **7** = Phira-Vurvulos. **8** = Phira-Hafen (Athinion). Busse zum Hafen von Athinion fahren etwa anderthalb Stunden vor der Abfahrt der Fähren ab Phira, Kamari und Perissa.

Autos

Autofähren verkehren zwischen Piräus, Rafina und Lavrion auf dem Festland und allen größeren Kykladeninseln. Fahrpläne dieser Verbindungen sind in Athen in den Reisebüros oder in den Büros des Fremdenverkehrsamtes am Syntagma-Platz erhältlich. Reisende mit eigenem Fahrzeug müssen wissen, daß es auf den Inseln in der Hochsaison häufig zu Versorgungsengpässen mit Benzin kommt. Wer ein Fahrzeug mieten möchte, wird bei folgenden Agenturen gut beraten:

Mikonos: Pegasus Rent A Car, Maouna, Chora. Tel.: 02 89-2 37 60; Fax: 02 89-2 44 17.

Naxos: Andonis Koufopoulos Rent A Car, Chora. Tel.: 02 85-2 47 89; Fax 02 85-2 43 45. Auto Rent, Chora. Tel.: 02 85-2 46 90/2 46 31; Fax: 02 85-2 47 04.

Paros: Budget Rent A Car, Parikía. Tel.: 02 84-2 23 02/2 30 95; Fax: 02 84-2 27 45.

Santorin (Thera): Budget Rent A Car, Phira. Tel.: 02 86-2 29 00/2 28 87; Fax: 02 86-2 28 87.

Fähren

Da die Fahrpläne der Fähren sich ständig ändern, müssen Sie sich in Athen oder bei den auf allen Inseln vertretenen lokalen Agenten der Schiffahrtsgesellschaften nach dem letzten Stand erkundigen. In der Hochsaison sind die Verbindungen in der Regel gut und häufig, sowohl zum Festland wie auch zu den anderen Kykladeninseln und, von Paros aus, nach Kreta und Rhodos im Dodekanes.

Geschäftszeiten

Banken, Hochsaison: Mo bis Do 8-14 Uhr; Fr 8-13.30. Läden: Mo bis Fr 8-14, 17.30-21 Uhr, Sa 8-14 Uhr, So geschlossen; Läden in Touristenzonen sind von den strikt geregelten Öffnungszeiten häufig ausgenommen.

Apotheken: tgl. 9-13.30 und 17-22.30 Uhr; Spät- und Notdienst: wechselnder Bereitschaftsdienst.

Feiertage

Neujahr:	1. Januar
Dreikönigstag:	6. Januar
Sauberer Montag:	variabel
Unabhängigkeitstag/	
Fest der Verkündung:	25. März
Karfreitag:	variabel
Ostersonntag:	variabel
Ostermontag:	variabel
Tag der Arbeit:	1. Mai
Tag des Heiligen Geistes:	4. Juni
Mariä Entschlafung:	15. August
Ochi-Tag:	28. Oktober
Weihnachten:	25. Dezember
2. Weihnachtsfeiertag:	26. Dezember

UNTERKUNFT

Die genannten Preise gelten pro Zimmer, bei Belegung mit zwei Personen. Sie betreffen die Hochsaison (Juni bis Anfang September), wenn die Kykladen das größte Gästeaufkommen verzeichnen. In anderen Monaten zahlen Sie u. U. die Hälfte.

$ = unter 10000 Drachmen;
$$ = 10-20000 Drachmen;
$$$ = 20-30000 Drachmen.

Mikonos

Wenn Sie die Kykladen in der Hochsaison, zum Osterfest im April oder Mai bis Mitte Oktober besuchen, sollten Sie die Unterkunft von zu Hause aus buchen. Fahren Sie nicht ohne Reservierung los in der Hoffnung, irgendein Zimmer auf Mikonos zu finden.

Der Ochi-Tag auf den Kykladen

Es folgt eine Liste guter Hotels verschiedener Kategorien und der Namen verläßlicher Reiseagenturen, die Reservierungen für Sie vornehmen oder auf die Sie sich berufen können, falls es mit der Direktverbindung nicht klappt. Alle genannten Hotels befinden sich im Distrikt von Maouna, Chora, ganz in der Nähe der Hauptstadt und günstig gelegen für alle, die die in diesem Führer vorgeschlagenen Routen abfahren möchten. Sollten Sie ein Hotel direkt am Strand suchen, das mehr Ruhe bietet als die in Maouna, versuchen Sie Mikonos Beach und Mikonos Bay am Strand Megali Ammos, fünf Minuten von der Kreuzung entfernt.

SEA & SKY TRAVEL AGENCY

Am Ufer, Chora
Tel.: 02 89-2 28 53; Telex: 293 207 SKY GR; Fax: 02 89-2 45 82
Fragen Sie Takis Manesis, was immer Sie möchten, und berufen Sie sich auf mich. Er wird Sie mit einer blauen Spezialkarte von Chora versorgen, mit der man sich hervorragend zurechtfindet.

HOTEL ADONIS

Mikonos
Tel.: 02 89-2 24 34/2 34 33; Fax: 02 89-2 34 49
Roz und Michaeli Apostolou legen besonderen Wert auf persönlichen Service. Hier herrscht eine warme und privat wirkende Atmosphäre, die Unterkunft kann aber etwas spartanisch sein. Meerblick von einigen Räumen; außerdem gibt es eine Bar. Dort pflege ich zu logieren, wegen der günstigen Lage und Roz' effizienter Hilfe. $$

Typische Aussicht

HOTEL ROCHARI
Tel.: 02 89-2 31 07/8/9; Fax; 02 89-2 43 07
Die Vorteile des Rochari sind der Swimmingpool und ein schöner Blick auf Chora. Snackbar, Room-Service. $$

DESPOTIKO
Tel.: 02 89-2 20 09, 2 24 62/3/4
Das Despotiko, ein umgebautes Anwesen aus dem 18. Jahrhundert, ist benannt nach einem Bischof des 19. Jahrhunderts, einem Vorfahren der Familie, die das Hotel heute führt. Bar, Swimmingpool. $$$

HOTEL/APARTMENTS POSEIDON
Tel. 02 89-2 24 37, 2 44 41/2;
Fax: 02 89-2 38 12
Alle Zimmer im oberhalb der Windmühlen gelegenen Poseidon haben Meeresblick. Auch Appartments mit Kochnische sind verfügbar. Swimmingpool; Bar und sogar eine Art Klimaanlage. Sehr interessante Preise in der Nebensaison. $$$

Naxos

CHATEAU ZEVGOLI
Tel.: 02 85-2 29 93/2 43 58/2 45 25
Von Kastro (Chora) bergauf in einem zweiminütigen Fußmarsch zu erreichen. Ruhig, viel Plüsch, exklusiv, eine Pension im Herrenhaus-Stil. Großartige Aussicht von einigen Räumen, Himmelbett im Zimmer für Hochzeitsreisende, zum Glück aber keine Zimmertelefone. Den Besitzer finden Sie im Fremdenverkehrsamt von Naxos, gegenüber von Choras Busterminal. $ – $$

BARBOUNI HOTEL/BARBOUNIS APARTMENTS
200 m von Aghios-Georgios-Strand, Chora.
Tel.: 02 85-2 25 35, 2 44 00, 2 44 01;
Fax: 02 85-2 31 37
Dieser kleine Familienbetrieb bietet einen phantastischen Service. Stamatoula, die Tochter des Hauses, ist eine wahre Informationsquelle für Naxos' Geschichte und Kultur. $ – $$

HOTEL ANIXIS
334 Amphitritis Straße, Kastro (Chora).
Tel.: 02 85-2 21 12/2 27 82
Von dieser bescheidenen, sehr griechischen Familienpension überblickt man das Meer und das Grotta-Viertel. $

Paros

AVANT TRAVEL (und Budget Rent A Car)
Am Hafen, gegenüber dem Busdepot, Parikia. Tel.: 02 84-2 23 02, 2 27 48;
Fax: 02 84-2 27 45
Transportfragen, Unterkunft, Geldwechsel – überhaupt alles erledigen Marietta und Loizos mit einem Lächeln.

BAYIA HOTEL
Zwei Minuten bergan vom Hafen aus; in der Nähe der Kirche Ekatontapyliani, Parikía. Tel.: 02 84-2 10 68; 2 33 35
Das tadellose, von Olivenbäumen und Blumen umgebene kleine Hotel wird von der Familie Apostolopoulou geführt. $

HOTEL POLOS
Parallel zur Uferpromenade, nordwestlich von Avant Travel, Parikía.
Tel.: 02 84-2 21 73; Fax 02 84-2 19 83
Die Inneneinrichtung ist im authentischen Kykladen-Stil gehalten; ruhig; von den oberen Räumen Blick auf den Hafen. $$

HOTEL YRIA
2,8 km außerhalb von Parikía auf der Straße nach Parasporos gelegen. Reservierung über Avant Travel. Tel.: 02 84-2 23 02, 2 27 48; Fax: 02 84-2 27 45
Extravagant, mit Swimmingpool, Bar, Restaurant, Tennis etc. $$$

ROCCO'S STUDIOS
Am Hafen von Antiparos-Stadt. Tel.: 02 84-6 12 65; Fax: 02 84-2 27 31
Chrissoula Patellis Apartments mit Koch-

nische sind sauber, persönlich ausgestattet und, zumindest in der Nebensaison, sehr ruhig. $

Santorin

Santorin kann seine Besucher ganz schön fordern, wenn sie u. U. zwei Meilen oder 100-200 Treppenstufen laufen müssen, um abends zu ihrer Unterkunft zu gelangen. Christos Vlahoyannis von der Reiseagentur More of Santorini kann in jeder der *skafta,* den traditionellen Residenzen in den Tonnengewölben direkt auf den Klippen, für Sie eine Unterkunft besorgen – oder aber in benutzerfreundlicheren Hotels für alle, die nicht so viel klettern wollen. Tel.: 02 86-2 20 07/2 25 54; Fax: 02 86-2 38 09.

PHENIX APARTMENTS
Auf der Klippe in Imerovigli
Tel.: 02 86-2 25 54/2 20 07; Fax: 02 86-2 38 09
Diese Studios neben der Caldera wurden in der Architektur des 19. Jhs., jedoch mit heutigem Komfort, restauriert. Bitten Sie um den „Felsen-Raum" mit einer Wand aus gehauenem Vulkangestein. Sehr günstige Preise in der Nebensaison. $$$

FANARI
Auf der Klippe von Ia, unterhalb der Windmühle. Tel.: 02 86-7 13 21/7 10 08; Fax 02 86-7 12 35
Eine luxuriöse *skafta* über der Ammudi-Bucht (240 Stufen unterhalb von Ia), der netteste Platz am Ort. Pool, Frühstücksterrasse und eine wunderbare Bar. $$$

AGALI TRADITIONAL APARTMENTS
Auf der Klippe unter der St. Gerasimonos Kirche in Firostefani. Tel.: 02 86-2 28 11
Große, moderne Appartments mit Kochnische. Bis nach unten sind es zwar einige Stufen, aber der Blick lohnt die Mühe. $$

GESUNDHEIT

Ärzte und Kliniken

Mikonos
Gesundheitszentrum, Chora.
Tel: 02 89-2 22 74
Gesundheitszentrum, Ano Mera.
Tel.: 02 89-7 13 95
Dr. Lukianos Kuerinis. Tel.: 02 89-2 25 88

Naxos
Naxos Hospital, Chora. Tel.: 02 85-2 35 50
Paros
Paros Gesundheitszentrum, Parikía.
Tel.: 02 84-2 25 00/1/2/3
Erste Hilfe, Naoussa. Tel.: 02 84-5 12 16
Dr. Ioannis Tsigonias.
Tel.: 02 84-2 24 77/2 35 50
Santorin (Thera)
Erste Hilfe, Phira. Tel.: 02 86-2 22 32
Erste Hilfe, Emborio. Tel.: 02 86-2 92 22
Erste Hilfe, Ia. Tel.: 02 86-7 12 27
Erste Hilfe, Pírgos. Tel.: 02 86-3 12 07

Richtungsweisend

Gefahrenquellen

Auf den Kykladen sind Skorpione und Vipern zu Hause. Der Biß des ersteren ist schmerzhaft, der letzteren, sofern nicht umgehend behandelt, tödlich. Es gibt auch Seeigel, deren Stacheln häßliche Infektionen hervorrufen, und Feuerquallen, die vor allem für Nacktbadende oder Allergiker gefährlich sind. Gehen Sie sofort zum Arzt, wenn Sie von einer Schlange gebissen wurden oder wissen, daß Sie gegen bestimmte Stiche oder Bisse allergisch sind. Die unsichtbare Fauna im Wasser ist eine weitere Gefahrenquelle. Nach etlichen Salmonellenerkrankungen habe ich dem Leitungswasser der Kykladen ein für allemal abgeschworen, selbst zum Zähneputzen, und nehme immer eine Plastikflasche mit Mineralwasser mit. Ich vermeide auch Kaffee und Tee (der selten bis zum Kochen gebracht wird) in Cafés

An folgenden Zeitungsständen ist die internationale Presse erhältlich:

Mikonos: International Press and Newsstand, bei der Kirche St. Kyriaki in Chora.
Naxos: Beim Foto Service/Foreign Press, auf halbem Weg zum Hafen in Chora.
Paros: In La Palma, neben der Avant Travel Agency am Hafen in Parikía.
Santorin: Beim Geschäft der Argiros Brothers am Nordende der Ypapantis Straße in Phira.

Postämter: tgl. 7.30-14 Uhr, Fernmeldeämter tgl. 7.30-22 Uhr geöffnet; die internationalen Verbindungen sind gut.

Das griechische Alphabet

Großb.	Kleinb.	Aussprache	Name
A	α	a in Vater	alfa
B	β	v in Visum	vita
Γ	γ		ghama
		g (vor a, o, u) und	
		j (vor e und i)	
Δ	δ	th wie im	thelta
		englischen the	
E	ε	e in Bett	epsilon
Z	ζ	s in reisen	zita
H	η	i in tief	ita
Θ	θ	th wie im	thita
		englischen thief	
I	ι	i in Sieg	yota
K	κ	k in König	kapa
Λ	λ	l in Million	lamda
M	μ	m in Maus	mi
N	ν	n in nein	ni
Ξ	ξ	ks in Wachs	ksi
O	ο	o in Ofen	omikron
Π	π	p in pellen	pi
P	ρ	r in Rosine	ro
Σ	σ	s in Tasse	sigma
T	τ	t in Tee	taf
Ψ	ψ	i in blieb	ipsilon
Φ	φ	f in fahren	fi
Ξ	ξ	ch in Bach	chi
		(vor a, o, u)	
		wie in Milch	
		(vor e, i)	
X	χ	ps in Gips	psi
ς	ϖ≠	o in oft	omega

und auf Fähren und nehme Mittel gegen Diarrhöe oder Übelkeit und gegen allergische Reaktionen mit – für alle Fälle.

Polizei

Mikonos
Polizei, Chora. Tel.: 02 89-2 22 35
Touristenpolizei, Chora. Tel.: 02 89-2 24 82
Hafenpolizei. Tel.: 02 89-2 22 18
Naxos
Polizei, Chora. Tel.: 02 85-2 21 00
Hafenpolizei, Chora. Tel.: 02 85-2 23 00
Paros
Polizei und Touristenpolizei, Parikía. Tel.: 02 84-2 33 33
Hafenpolizei, Parikía. Tel.: 02 84-2 12 40
Santorin (Thera)
Polizei, Phira. Tel.: 02 86-2 26 49
Hafenpolizei, Phira, Tel.: 02 86-2 22 39

Öffentliche Toiletten

Mikonos und Delos: In Chora, am Pier der Schiffe nach Delos. In Ano Mera am Hauptplatz: Fragen Sie in einem Café. Auf Delos im Museum und im Café daneben. **Naxos:** Beim Taxistand in Chora. **Paros:** Am Ufer, hinter der Kirche St. Nikolaus mit der blauen Kuppel. **Santorin:** In Phira, anderthalb Häuserblocks vom Theotokopoulou-Platz, beim Kallisti Hotel.

Dipthonge

Art	Aussprache
αι	e in Bett
αψ	av/af wie in avisieren/Kaftan
ει	i in blieb
εψ	ev or ef
οι	i in blieb
οψ	u in Uhr

Doppelkonsonanten

μπ	b am Anfang des Wortes; mb in der Mitte des Wortes;
ντ	d am Anfang des Wortes; nd in der Mitte des Wortes;
τζ	dz
γγ,γκ	gh am Anfang des Wortes; ng in der Mitte des Wortes.

Kleiner Sprachführer

Nota: Die Wörter dieser Liste sind in Silben aufgebrochen. Die betonte Silbe ist durch Akzent markiert. Aussprache: e (Bett), a (Vater), i (tief), o (Ofen).

Zahlen

eins	é-na (neutr)/é-nas (masc.) mí-a (fem.)
zwei	dhí-o
drei	trí-a (neutr)/tris (masc.u.fem.)
vier	té-se-ra
fünf	pén-de
sechs	ék-si
sieben	ef-tá
acht	och-tó
neun	e-né-a
zehn	dhé-ka
elf	én-dhe-ka
zwölf	dhó-dhe-ka
dreizehn	dhe-ka-trí-a/dhe-ka-trís
vierzehn	dhe-ka-té-se-ra *etc. bis*
zwanzig	í-ko-si
21	í-ko-si é-na (neutr. u. masc.) í-ko-si mí-a (fem.)
dreißig	tri-án-da
vierzig	sa-rán-da
fünfzig	pe-nín-da
sechzig	ek-sín-da
siebzig	ef-dho-mín-da
achtzig	och-dhón-da
neunzig	en-ne-nínda
hundert	e-ka-tó

Grußformen

Hallo	já sas; já su
guten Tag	ka-limé-ra
guten Abend	ka-lispé-ra
gute Nacht	ka-liních-ta
willkommen	ka-lós íl-tha-te
viel Glück	ka-lí tí-chi
wie geht es Ihnen	ti ká-ne-te?
wie geht es Dir	ti ká-nis?
erfreut, Sie zu sehen	chá-ri-ka

Nützliche Wörter

ja	né
nein	ó-chi
okay	en ták-si
bitte	pa-ra-ka-ló
danke	ef-cha-ris-tó
sehr	pá-ra po-lí
Entschuldigung	sig-nó-mi
macht nichts	dhen pi-rá-si
keine Ursache	tí-po-ta
gewiß, jawohl	má-lis-ta
kann ich...?	Bo-ró na...?
wann?	pó-te?
wo ist...?	pu í-ne...?
Sprechen Sie	mi-lá-te
Englisch	an-gli-ká
Deutsch	jer-ma-ni-ká
Verstehen Sie?	ka-ta-la-vé-ne-te?

Lust auf Süßes?

89

Wie spät ist es?	Ti ó-ra í-ne?
Wann fährt..ab?	Ti ó-ra tha fí-ji
nicht (plus Verb)	dhen
ich möchte	thé-lo
ich habe	é-cho
hier/dort	e-dó/e-kí
nah/weit	kon-dá/ma-kri-á
klein/groß	mi-kró/me-gá-lo
schnell	grí-go-ra
langsam	ar-gá
gut/schlecht	ka-ló/ka-kó
warm/kalt	ses-tó/krí-o
Bus	le-o-forí-on
Boot	ka-rá-vi, va-pó-ri
Fahrrad	po-dhí-la-to
Moped	mo-to-po-dhí-la-to
Fahr-/Eintrittskarte	i-si-tí-ri-o
Straße/Weg	dhró-mos/o-dhós
Strand	pa-ra-lí-a
Meer	thá-la-sa
Kirche	e-kli-sí-a

antike Ruinen	ar-chä-a
Zentrum	kén-tro
Platz	pla-tí-a
haben Sie...?	é-che-te..?
gibt es...?	é-chi...?
wieviel kostet das?	pó-so ká-ni?
das ist (zu) teuer	I-ne (po-lí) a-kri-vó
wieviel?	pó-so?
viele	pó-sa

Notfälle

Arzt	ja-trós
Apotheke	far-ma-kí-o
Polizei	as-ti-no-mí-a

NÜTZLICHE ADRESSEN

Die nachstehend aufgeführten örtlichen Reiseagenturen sind immer verläßlich und effizient:

Mikonos & Delos

Sea and Sky, Chora, Tel.: 02 89-2 28 53; Fax: 02 89-2 45 82.

Naxos

Naxos Tourist Information Centre, Chora, Tel.: 02 85-2 52 00; Fax 02 85-2 43 58. Passenger Tourist and Travel Agency, Chora, Tel.: 02 85-2 45 81/2 27 15; Fax: 02 85-2 45 81.
Naxos Tours, Chora, Tel.: 02 85-2 20 43/2 37 43/2 20 95; Fax: 02 85-2 39 51.

Paros & Antiparos

Avant Travel Agency, Tel.: 02 84-2 23 02/2 27 48/2 30 95; Fax 02 84-2 27 45.

Santorin (Thera) & Thirassía

More of Santorini, Phira, Tel.: 02 86-2 20 07/2 25 54; Fax: 02 86-2 38 09. Bellonias Tours, Phira, Tel.: 02 86-2 22 21, 2 24 69, 2 36 04.
Kamari Tours, Kamari, Tel.: 02 86-3 14 90, 3 14 55, 2 28 90, Fax: 02 86-3 14 97. Karvounis Tours, Ia, Tel.: 02 86-7 12 90/92/09; Fax 02 86-7 12 91.

Nationale Touristeninformation:

National Tourist Organisation of Greece, Amerikis 2, 10564 Athen, Tel.: 01-3 22-31 11, Fax: 01-3 22-41 48.
Bundesrepublik Deutschland: Griechische Zentrale für Fremdenverkehr, Neue Mainzer Str. 22/6, 60311 Frankfurt/Main, Tel.: (069) 23 65 61/2/3, Fax: (069) 23 65 76.
Österreich: Griechische Zentrale für Fremdenverkehr, Kärtner Ring 5, 1015 Wien, Tel.: (0222) 52 53 17/8, Telex: 11 18 16.
Schweiz: Griechische Zentrale für Fremdenverkehr, Gottfried-Keller-Straße 7, 8001 Zürich, Tel.: (01) 251 84 87/8/9, Telex: 5 77 20

BÜCHER

Die folgende Liste ist für Reisende, die sich mit Griechenland noch eingehender beschäftigen möchten.

Romane

Fakinu, Evjenia: *Astradeni – die Sternenbindende.* Romiosini-Verlag: Köln 1986. – Das junge Mädchen Astradeni tauscht die vertraute Geborgenheit ihrer Heimatinsel Symi gegen das Großstadtleben in Athen.

Kokkalidu-Nachmia, Nina: *Verwaiste Strecke.* Romiosini-Verlag: Köln 1993. – Die „verwaiste Strecke" führt durch das Leben von Charitini Karapali, mitten durch eine Vielzahl von Geschichten, die nach und nach ein ganz persönliches Griechenlandbild entstehen lassen.

Griechenland allgemein

Torossi, Eleni: *Geschichten über Menschen zwischen Griechenland und Deutschland* (Erzählungen). Romiosini-Verlag: Köln 1994.

Zei, Alki: *Die Verlobte des Achilles.* Romiosini-Verlag: Köln 1991. – Dieser Roman gilt als eines der wichtigsten politischen Frauenbücher der letzten Jahre. Es geht nicht um die Entmythologisierung der griechischen Resistance, sondern um die Relativierung des Heldentums.

Frauen in Griechenland. Erzählungen. dtv: München.

Griechische Erzählungen des 20. Jahrhunderts. Insel: Frankfurt 1992.

Vergangenheit, Mystik, Mythologie

Schwab, Gustav: *Sagen des klassischen Altertums.* Ueberreuter-Verlag: Wien 1974.

Knidlberger, Lois: *Santorin. – Insel zwischen Traum und Tag. Atlantis: Thesen und Tatsachen. Ägäische Welt in ungewöhnlichen Funden.* Landsberger Verlag.-Anst.: Landsberg 1981.

Die versunkene Welt der Ägäis. Untergegangene Kulturen. Time-Life 1993.

Nahrung für Körper & Geist

Knause-Zimmer, Hella: *Alles durchweben die Götter. Reisen durch die Kultwelt der Ägäis.* Verlag Freies Geistesleben: Stuttgart 1984.

Märchen

Die Hexe von Patmos. Märchen von den griechischen Inseln. Romiosini-Verlag: Köln 1986.

Griechische Volksmärchen. Diederichs-Verlag: Köln 1986.

Lyrik

Elytis, Odysseas: *Tagebuch eines nie gesehenen April.* Romiosini-Verlag: Köln 1991.

Sachbücher, Geschichte

Kästner, Erhart: *Kreta; Griechische Inseln.* Insel-TB: Frankfurt.

Richter, Heinz: *Friede in der Ägäis? Zypern – Ägäis – Minderheiten.* Romiosini-Verlag: Köln 1989.

Vakalopulos, Apostolos: *Griechische Geschichte von 1204 bis heute.* Romiosini-Verlag: Köln 1985.

Visuelle Beiträge

Fotografien **Markos G. Hionos** *und*
Seite 13 **Ashmolean Museum**
79 **David Beatty**
16 **Benaki Museum**
30, 82, 85, 90 **Elizabeth Boleman-Herring**
12 **Carlotta Junger**

Handschriften **V. Barl**
Umschlagentwurf **Klaus Geisler**
Karten **Berndtson & Berndtson**
Electronic publishing **Oskar Klappenberger**

NOTIZEN

NOTIZEN

NOTIZEN